민 선생의 우리말 이야기

삼천포에 빠지다

삼천포에 빠지다

발 행 | 2018년 5월 15일

지은이 | 민송기
펴낸이 | 신중현
펴낸곳 | 도서출판 학이사
　　　　출판등록 : 제25100-2005-28호
　　　　주소 : 대구광역시 달서구 문화회관11안길 22-1(장동)
　　　　전화 : (053) 554~3431,3432
　　　　팩스 : (053) 554~3433
　　　　홈페이지 : http : // www.학이사.kr
　　　　이메일:hes3431@naver.com

ISBN _ 979-11-5854-131-6 03710

이 도서의 국립중앙도서관 출판예정도서목록(CIP)은 e-CIP 홈페이지
(http://seoji.nl.go.kr)와 (http://www.nl.go.kr/kolisnet)에서 이용하실 수 있
습니다.(CIP제어번호: CIP2018011258)

민 선생의 우리말 이야기

삼천포에 빠지다

민송기 지음

學而思 | 학이사

머리말

 우리가 다른 나라의 말을 배우는 것과 모국어로서 우리말을 배우는 것은 내용이 다르다. 어릴 때 텔레비전을 보다가 "어, 미국은 거지도 영어를 잘 하네." 하고 부러워한 적이 있었다. 우리가 힘들게 배우는 외국어는 의사소통을 위한 것인데, 의사소통을 위한 언어 능력은 모국어 화자라면 누구나 갖추고 있는 능력이다. 언어 학습이 의사소통을 위한 것이라면 국어는 굳이 배우지 않아도 되는 것이다. 그렇지만 우리는 학교에서 가장 중요한 교과로 가르치고 배운다. 그 이유는 우리말에는 의사소통 이상의 무엇이 있기 때문이다. 우리말 속에는 우리말을 써 온 우리 선조들의 역사와 문화가 담겨 있고, 같은 시대를 살아가는 사람들의 생각이 담겨 있다. 말은 우리의 삶과 떨어질 수 없는 것이기 때문에 말에 대해 탐구해 본다는 것은 삶에 대한 성찰이고, 인간관계에 대한 탐구와 연결된다.

 말은 세상 사람들과 함께 있는 것이지 무균실이나 진공관 같은 곳에 있는 절대적인 존재가 아니다. 말은 사람들 사이에서 감동을 일으키기도 하고, 분노를 일으키기도 한다. 신망을 받던 자가 한순간에 몰락하는 것도 말 때문이라는 것을 우리는 익히 보아왔다. 공기처럼 실체가 잘 보이지 않지만 모든 인간사에 영향을 미친다. 한편으로 말은 말하는 사람, 듣는 사람,

구체적 시공간과 같은 상황 맥락 속에서만 존재한다. 그래서 바른말 고운 말이라는 것도 인간관계와 상황에 따라 달라진다. 경상도에서 오랜만에 친구를 만났을 때 "이 문디!"라고 하는 것이 '문둥이'라는 표준어를 사용하는 것이나 표준국어대사전에서 시키는 대로 "이 한센병 환자야!"로 순화하는 것보다 더 적절하다. 어떤 상황에서는 "염병하네!"라는 일갈이 비속어이기는 하지만 그 상황에서 할 수 있는 가장 적절한 표현인 동시에 사람들에게 통쾌함을 주는 표현이기도 하다. 이것을 바른말 고운 말을 쓴다고 "장티푸스를 앓고 있네요."라고 한다면 얼마나 어색한가? 이런 점 때문에 나는 표준어를 중심으로 형성된 좁은 의미의 '바른말 고운 말' 대신 '상황을 가장 잘 표현할 수 있는 적절한 말(바른말)'과 '다른 사람을 기분 좋게 하는 말(고운말)'이라고 이야기를 했다.

우리말 이야기 1권의 제목을 '자장면이 아니고 짜장면이다'로 지었던 이유도 표준어보다 사람들의 삶 속에 있는 말이 더 중요하다는 것을 보여주기 위함이었다.

그런 이유들 때문에 나는 개인적으로 표준어나 문법에 대해서 잘 아는 사람이라고 해서 우리말을 잘 아는 사람이라고 생각하지는 않는다. 표준어와 문법에 대해 잘 아는 사람들 중 일부는 다른 사람들의 말에 맞춤법이 틀렸다, 표준어가 아니다, 순우리말을 써라 등등의 지적하기를 좋아한다. 그런 사람과 이야기를 하면 답답하고 즐겁지가 않다. 반면 재치가 번득이는 말로 재미있게 말할 줄 알고, 주고받는 말의 궁합이 맞는 사람과 이야기를 하고 있으면 밤을 새워 이야기를 해도 즐겁고 행복하다. 그래서 우리말을 배운다는 것은 단순한 학습을 넘어 재미있고 행복한 삶을 찾아가는 여정이기도 하다.

대학교 때부터 국어 교사 생활을 20년을 한 지금까지 나는 '우리말에 대한 교육이 왜 필요한가?', '어떤 내용을 가르쳐야 하는가?'에 대한 고민을 늘 안고 산다. 이것은 직업인으로서의 고민으로 장사하는 사람들이 뭘 팔아야 하나 고민하는 것과 비슷하다. 우리 분야에는 많은 연구자들이 있어서 교육과정 해설이나 논문으로 여기에 답을 하고 있다. 그렇지만 그 답들은 너무 막연해서 잘 와 닿지 않는다. 그래서 나는 소소하지만 우리말을 배워야 하는 이유를 보여줄 수 있는 실제 사례들에 좀 더 관심을 두고 글로 정리를 해 왔다. 우리말 표현의 미세한 차이, 어원과 같은 우리말에 대한 지식, 말이 사회적으로 변화해 가는 과정 등 일반인들이 흥미를 가질 만한 중요한 사례들을 최대한 일반인들이 쉽게 이해할 수 있는 말로 쓰려고 노력을 해 왔다.

정확한 표준어가 무엇인지를 알고 싶어서 이 책을 선택한 사람들에게 이 책은 '삼천포로 빠진' 책이라고도 할 수 있다. 그러나 아름다운 도시 삼천포에 가 보면 뜻하지 않게 아름다움에 빠져볼 수 있듯이 이 책을 읽으면서 뜻하지 않게 우리말의 재미에 푹 빠져 볼 수도 있을 것이다.

원래 자기 글에 대해서는 졸고拙稿라고 하며 겸손해야 하는 것이 정상이기는 하지만, 글들을 모아 놓고 보니 꽤 괜찮은 수필집이자 인문학 교양서라는 생각이 든다. 담백하고 깔끔한 디자인도 참 마음에 든다. 성격이 꼼꼼하지 못한 편이라 실수도 있었는데, 세세한 부분까지 꼼꼼하게 점검하시고 예쁘게 디자인까지 해서 출간해 주신 학이사 가족들에게 감사를 드린다.

2018년 5월
민송기

차 례

2부 _ 삼천포에 빠지다

3부 _ 손가락과 달

제1부

말을 통해 보는 세상 이야기

돌직구

오승환 선수가 던지는 공은 마치 돌이 날아오는 것처럼 묵직하게 느껴진다 하여 '돌직구' 라고 부른다. '돌직구' 라는 것은 야구 용어로 말하면 직구 중에서도 공에 투수의 체중이 제대로 실리고 회전이 많이 걸려 위력이 더해진 '하드 포심 패스트볼' 을 말한다. '하드 포심 패스트볼' 이라고 하면 야구의 규칙이나 기술을 잘 모르는 사람들은 마치 인문대생이 우주상수 계산 방정식 수업을 듣는 것처럼 무슨 말인지 못 알아듣는 경우가 많다. 그러나 '돌직구' 라고 하면 포수 미트에 팍팍 꽂히는 공의 느낌만 보아도 그 말이 확 와 닿는다. 한가운데로 꽂아 넣어도 타자들의 방망이가 연신 헛돌고, 쳐도 멀리 뻗지 않으며, 조금만 중심에 맞지 않아도 방망이가 부러지는 것을 보면 정말로 공이 아니라 돌을 던지는 게 아닐까 하는 생각이 들기도 한다.

요즘에는 이 '돌직구' 가 비유적인 의미로 확장되면서 모두가 말하기를 꺼리는 말이나 상대방의 입장을 생각해서 잘 하지 못하는 말을 거침없이 할 때, 흔히 '돌직구를 던졌다' 는 식으로 표현한다. '돌직구를 던지다' 는 말은 그냥 '직설적으로 말하다' 는 것에다 듣는 상대가 어렵게 느낀다는 의미가 더해지기 때문에 상황을 더 적절하게 표현할 수 있다. 그리고 이 말에는 의사소통의 본질에 대한 예리한 통찰이 들어있다. 대화라는 것은 서로 주고받는 상호작용의 과정이다. 즉 야구로 치면 던지고 받아치는 과정의 연속이라고 할 수 있다. 그래서 보통의 말이라면 쉽게 받아칠 수도 있는데, 야구에서의 '돌직구' 가 그렇듯 '돌직구와 같은 말' 도 받아쳐서 답변하기가 매우 어렵다. 처음 그 말을 쓴 사람이 그런 것까지 생각해서 했는지는 모르겠지만, '돌직구' 라는 말 하나로 의사소통의 상황을 쉬우면서도 가장 정확하게 표현하고 있음을 볼 수 있다.

　그런데 일상생활에서 '돌직구' 를 던지는 것은 매우 조심해야 할 일이다. 방송에서 김구라 씨가 거침없이 하는 말은, 교과서에 충실하고 예습복습 철저히 했다는 수석합격자의 이야기와 같은, 하나마나한 빤한 이야기와 달리 흥미를 유발하고 몰입하게 한다. 그렇지만 한편으로는 위태위태해 보인다. 예전에 '짝' 이라는 프로그램에서 여자들에게 '왜 나를 선택 안 했느냐?', '화장 지우니까 얼굴이 많이 달라 보인다.' 이런 말을 거침없이 해서 '돌직구남' 이라고 불린 출연자가 있었다. 그 돌직구남이 우리에게 준 교훈은 아무리 좋은 대학을 나오고, 좋은 직장을 가지고 있어도 돌직구를 함부로 던지다가는 (잘 생기지 않은 이상) 혼자 도시락을 먹는 운명을 피하기 어렵다는 것이었다. 세상에는 돌직구를 던져야 할 필요도 있지만, 스트라이크 존을 많이 벗어난 것처럼 보이다가 제대로 들어오는 '변화구' 나, 쉽게 받아칠 수 있는 것처럼 보여서 헛스윙이나 병살타를 유도하는 '유인구' 와 같은 말도 적절하게 사용할 필요가 있다.

엄친아

언어 사용의 실태를 보면 젊은 사람일수록 말을 줄여서 하는 경향이 강하다. 학생들과 이야기를 할 때, '생파'(생일 파티), '열폭'(열등감 폭발) 이런 말을 들으면 문맥상으로 대충 짐작은 할 수 있지만, 정확한 뜻을 모르기 때문에 같이 쓸 수가 없다. 이런 줄인 말은 쓰는 사람들끼리는 동질감을 느낄 수 있다는 장점이 있지만, 다른 세대나 계층 간에는 의사소통의 장애가 되기 때문에 공식적인 자리에서는 지양해야 할 말이다.(입시나 입사 면접에서 자기도 모르게 그런 말을 사용하여 크게 낭패를 보는 경우도 있다.)

말을 줄여 쓰면 의사소통에 장애가 생길 뿐만 아니라 원래의 말이 가지고 있던 매력이 떨어지는 경우도 있는데, 그 대표적인 예가 '엄친아'라는 말이다. '엄친아'는 '골방 환상곡'이라는 웹툰에서 독자들의 큰 공감을 얻었던 말 '엄마 친구 아들'의 준말이다. 어머니들은 아이를 훈계할 때 늘 "친구 아들은 또 전교 1등 했다더라.", "친구 아들은 어쩜 그렇게 예의도 바르고, 집안일도 잘 도와주는지…" 이런 식으로 비교를 한다. 자기 아들보다 못한 아이들이 많지만 어머니들의 욕심은 끝이 없어서 항상 최고인 경우하고만 비교를 하고, 아들이 그렇게 되었으면 하고 바란다. 그래서 원래의 말 '엄마 친구 아들'은 '엄마가 나와 늘 비교하는 가상의 존재'이고, '엄마가 원하는 모든 것을 다 갖춘 완벽한 존재'라는 의미를 담고 있기 때문에 그 말을 듣는 순간 사람들은 "맞아, 맞아." 하고 유쾌하게 공감하는 말이었다.

그런데 '엄마 친구 아들'이 '엄친아'로 줄면서 지칭하는 대상이 가상의 존재가 아니라 실제의 대상이 되어 버렸다. 배우 송중기처럼 멋있으면서, 연기도 잘 하고, 공부도 잘 하는, 한 마디로 남들이 부러워할 조건들을 갖추고 있는 사람을 '엄친아'라고 부르기 시작한 것이다. 원래 '엄마 친구 아들'이라는 말은 한 명을 지칭하는 것이 아니라 엄마가 부러워하는 아이들의 모든 것을 모아 놓은 것이었지만, '엄친아'는 한 명이 모든 것을 가진 경우가 되었다. 그래서 '엄친아'에는 원래의 말이 가졌던 유쾌한 공감은 사라지고, 말로만 듣던 엄마 친구 아들이 실제로 존재한다는 것에서 느끼는 열등감이 두드러지게 되는 것이다.

직장인에게는 어머니가 더 이상 다른 집 아들하고 비교해
서 잔소리를 하지 않으시니 '엄마 친구 아들'이 크게 의식되
지 않는다. 대신 더 무서운 존재가 있다. 연봉은 1억이 넘지만
늘 일찍 퇴근해서(그런 신들의 직장이 있을까 의구심이 들지만) 아이
들과 놀아주고, 집안일도 대신하고(피곤한데 그게 될까 의구심이 들
지만), 짜증을 내도 다정다감하게 잘 받아 주며(부처가 아닌 이상
될까 의구심이 들지만), 생일이나 결혼기념일, 심지어 부부의 날
도 기억하여 깜짝 이벤트를 해 주는 존재. 바로 '친구 남편'
이다.

금수저와
아부지수저

한때 최고로 유행한 말로 '금수저, 은수저, 동수저, 흙수저'와 같이 수저를 통해서 계급을 표현한 적이 있었다. 이 말들은 IMF 이후에 계속된 중산층의 붕괴와 양극화 현상으로 인해 경제적으로 계급화된 사회를 자조적으로 지칭할 때 쓰고 있다. 중산층이 두껍게 존재할 때는 경제적 간격이 크지 않고, 노력에 따라 얼마든지 이동을 할 수 있었기 때문에 사회적 위치를 나타낼 때는 '계급' 보다 '계층' 이라는 말이 더 적절했다. 이에 비해 '계급' 이라는 말은 '계층' 에 비해 선천적으로 타고나며, 이동이 쉽지 않다는 의미가 강하다.

죽어라고 노력을 해도 취업을 하기 어려운 세상에, 그나마 얻은 일자리도 저임금의 비정규직 일자리인데 비해, 어떤 이는 부모의 후광으로 쉽게 좋은 일자리를 얻는, 점점 계급화되어 가는 상황을 표현하기 위해 누리꾼들이 찾은 말은 'born with a silver spoon in one's mouth.' (입에 은수저를 물고 태어나다)라는 영어 속담이었다. 영어 문화권에서 은수저를 사용할 수 있는 사람은 부유한 귀족이었기 때문에 은수저를 물고 태어난다는 것은 선천적으로 많은 재산과 높은 신분을 가지고 태어난다는 것이다. 이것은 은수저를 사용한다는 생활의 일부분으로 부유한 귀족의 생활 전체를 표현하는 대유법을 사용한 표현이다. 그렇지만 우리나라의 경우 집집마다 혼수로 장만해 온 은수저 세트가 있고, 은에 대해서는 그렇게 귀하다고는 생각하지 않기 때문에 '은수저'라는 말은 공감을 얻기 어려운 표현이었다. 그래서 생겨난 말이 바로 '금수저'라고 할 수 있다.

사실 금은 지나치게 무겁고 재질이 물러서 수저로 사용하기 어렵다. 만약 금으로 수저를 만들었다 하더라도 그것은 장식용으로 사용하거나, 아니면 도난 위험 때문에 장롱 깊숙이 숨겨둘 수밖에 없는 물건이다. 은수저는 사전에 등재되어 있지만, 금수저는 사전에 등재되어 있지 않은 이유도 금수저는 실제 생활에서 사용되는 것이 아니기 때문이다. 그렇지만 금수저는 '금·은·동'의 등급에서 유추되는 의미가 있기 때문에, 은수저보다는 계급을 표현하는 데 더 적절하다고 생각해서 사용하게 된 것이라고 할 수 있다. 그러다 보니 '은수저를 물고 태어나다'라는 말과는 전혀 상관없이, 재료의 등급에서 유추하여 '다이아몬드수저, 나무수저, 흙수저'와 같은 말들도 생겨났다. 다이아몬드수저는 있을 수가 없는 것이고, 나무수저나 흙수저(도자기 혹은 세라믹 재질의 수저)는 건강을 위해 사용하는 고급 수저일 수도 있지만, 그런 것은 고려하지 않고 재료의 우열만으로 등급을 만들어낸 것이다. 최하층을 나타내는 데에는 '일회용수저'가 더 적절하겠지만 '흙수저'를 최하층에 두는 것은 재료의 성질 비교라는 나름의 논리적 일관성을 지키려고 한 것이라고 할 수 있다.

이러한 젊은 누리꾼들의 생각과 달리 수저와 관련해서 지금 30대 이상 세대들의 기억 속에는 두 종류의 수저밖에 없다. 바로 '아부지수저'와 그냥 수저이다. 예전에는 어느 집이나 밥상에 다른 수저와는 다른, 놋으로 된 묵직한 수저가 놓였다. 만약 친구 집에 가서 밥을 먹는데 자기 앞에 그런 수저가 놓이면 꼭 먼저 물어보는 말이 "이거 혹시 '아부지수저' 아이가?"였다. '아부지수저'는 가장으로서의 아버지의 권위를 상징하는 특별한 수저였고, 아무나 손을 대서는 안 되는 것이었기 때문이다. 우리 아부지수저도 몇 번 바뀌기는 했지만 무게는 변함이 없었다. 수저를 놓을 때 만져보면 그 무게감이 위압적인 느낌을 주는 동시에 너무나 불편하게 느껴졌었다. 그렇지만 그 무거운 수저로 아무 말 없이 식사를 하시는 모습에는 '열심히 공부하면 좋은 직장을 얻을 수 있고, 부자가 될 수 있다. 너희들은 아무 걱정 말고 공부나 열심히 해라. 나머지는 이 아부지가 다 책임질 테니까.' 하는 소리가 담겨 있었다. 그렇지만 이제는 아부지수저를 보기도 어려운 세상이고, 보통의 아버지들은 금수저를 자식에게 물려주지 못하는 미안함만 묵직하게 느끼는 존재가 되어 버렸다.

현대
레알 사전

"신혼인 부인에게 스트레스란?"

"남편이 늦게 들어오는 것."

"중년인 부인에게 스트레스란?"

"남편이 일찍 들어오는 것."

"남편들에게 스트레스란?"

"그런 부인이 집에 있는 것."

이것은 개그콘서트에서 하는 '현대 레알 사전'이라는 코너의 한 장면이었다. 국어와 관련된 칼럼에서 코미디 프로그램을 언급하면 대개 우리말 오용 사례를 지적할 것이라고 예상하게 된다. 그렇지만 명절날 성룡 영화 하듯 한글날만 되면 뉴스 첫 꼭지에 나오는 그런 뻔한 이야기를 굳이 여기에서 할 필요는 없을 것이다. 개그콘서트의 예를 든 것은 일단은 매우 재미있어서이고, 그리고 다른 한 가지는 이것이 언어의 한 단면을 잘 보여주는 것이기 때문이다.

앞에 든 예에서 '스트레스'라는 것은 의미가 고정된 것이 아니라 사람에 따라 다르게 받아들이면서 다양한 의미를 생성함을 보여준다. 이것은 언어 철학자인 비트겐슈타인의 생각과 유사한 면이 많다. 비트겐슈타인은 후기에 언어 놀이라는 개념을 통해 언어가 사전에 규정된 대로의 고정된 성격을 가지는 것이 아니라, 사용자인 인간의 조건에 의해서 규정된다고 보았다. 그래서 삶의 현장에서는 똑같은 말이 다양한 의미를 가지게 된다는 것이다. 할머니가 손주에게 "우리 강아지"라고 말하는 것에 대해 할머니가 손주를 비하한 것이 아니라 사랑의 표현으로 아는 것은 사람들이 삶의 맥락을 이해하기 때문이다.

지금은 안 그렇지만, 예전에는 학교에서 "내일 장학사가 온다."라는 말이 교사들에게는 '가짜 문서 만들어 놓으라.'는 의미이고, 학생들에게는 '유리창 청소하라.'는 의미를 가졌다. 한 학생이 인터넷 학급신문에 장학사란 '학교 유리창 청소 검사하는 사람'으로 알고 있는데, 네이버 사전에는 '교육 목표·교육 내용·학습 지도법 등 교육에 관한 모든 조건과 영역에 걸쳐서 교육 현장을 지도·조언하는 업무를 수행하는 교육 전문직 공무원'으로 되어 있다는 대단한(?) 발견을 올렸다. 그랬더니 다른 학생은 그 기사에 열광하며 우리가 알고 있는 교장 선생님이 '교감, 환경부장과 더불어 학교의 깨끗함을 유지하기 위해 파견된 위생부 삼총사 중 맏이'가 아니었다는 새로운 분석 기사를 올렸다. 학생들의 말이 버릇없다고 할 수도 있지만, 사실 그런 유머는 삶의 모습을 어떤 욕심도 없이 바라볼 때 생길 수 있는 재치와 감각에서 나오는 것이다.(장학사나 교장에 욕심이 있는 사람이 그런 말을 하면 그것은 유머가 아니라 뼈 있는 말이 된다.)

이 책의 원래 계획한 부제는 '민 선생의 재미있는 우리말 이야기'였다. '재미있는'이라는 말에 걸려서 글 한 줄 못 쓰다가 결국 '재미있는'을 빼는 것으로 타협을 보았다. '재미있다'는 말이 실제 삶에서는 매우 '재미없다'는 의미를 가질 수도 있다.

놈 자者

얼마 전 법적으로는 '듣보잡(듣도 보도 못한 잡놈)'이 아닌 것으로 공인받은 분이 자신을 '이상한 놈'이라 칭한 코미디 프로그램을 고소한 일이 있었다. 자신은 '놈'이라는 비하의 표현을 한 것이 명예훼손이라는 것인데, 그것을 가지고 법원에 고소를 하는 것을 보면 보통 사람들이 보기에 '이상한' 분이라는 것은 분명한 것 같다.

원래 '놈'이라는 말은 훈민정음 어지御旨에 나오는 "제 ᄠᅳᆮ 시러 펴디 몯ᄒᆞᆳ 노미 하니라"(제 뜻을 능히 펴지 못하는 사람이 많으니라.)와 같이 그냥 사람을 일컫는 말이었다. 시간이 지나면서 의미가 축소되어 대우하지 않고 소홀히 부르는 말이 되었는데, 꼭 비하의 의미만을 담고 있는 것은 아니다. "얘가 제 아들놈입니다."처럼 친근하게 낮추어 쓰는 경우도 있고, 고등어를 사면서 "큰 놈으로 하나 주세요."처럼 의존명사

'것' 의 대용으로 쓰는 경우도 있다. 이처럼 '놈' 은 여성을 비하하는 표현인 '년' 에 비해서 의미가 풍부하면서 적대적 의미가 적은 편이다.

천자문에서는 '따 지地' 처럼 땅이라고 하지 않고 고어를 그대로 사용하는 경우가 있는데, '놈 자者' 역시 고어를 사용한 것이다. 그런데 대통령에 당선된 분에게 '놈' 이라는 말을 쓰는 것은 맞지 않다고 하여 '당선자' 를 '당선인' 으로 바꾸어 쓰도록 한 일이 있다. 헌법 재판소에서는 헌법상의 용어인 '당선자' 를 쓰도록 권고하였지만, 그냥 '당선인' 으로 그대로 썼고, 현재도 계속 쓰고 있다. 그 논리가 계속된다면 졸지에 자者자가 들어가는 '학자, 과학자, 교육자, 노동자, 기술자, 연기자' 들은 현대어의 '놈' 이 될 상황이다.

우리말에서 놈 자者나 사람 인人이나 모두 사람을 뜻하는 의존명사나 접사로 쓰이는데, 어느 것이 더 높고 낮음의 의미는 없다. 대신 사람 인은 '원시인, 종교인, 한국인, 프랑스인' 처럼 좀 더 범위가 넓고 추상적인 데에 좀 더 많이 사용됨을 볼 수 있다. '범죄자', '범죄인' 은 당선자, 당선인처럼 자와 인을 동시에 쓸 수 있는 말이다. 여기서 어느 것이 범죄를 저지른 사람을 더 높여 부르는 것인지 따지는 것은 우스운 일이다. 보통 한 사람을 가리킬 때는 '범죄자' 를 쓰고, '범죄인 인도 조약' 처럼 추상적인 데는 '범죄인' 을 쓰고 있음을 볼 수 있다. 그리고 이 말을 쪼개서 '범인', '죄인'은 가능하지만 '범자', '죄자'는 가능하지 않다. 다만 '범법자'와 같이 좀 더 구체적인 의미를 담을 때는 '자'를 쓰고 있음을 볼 수 있다.

그렇다면 대통령이나 국회의원, 시장에 당선된 바로 그 분을 가리킬 때는 '당선자'를 쓰는 것이 두루뭉수리한 '당선인'보다 더 정확한 표현이 된다.

맛있는 건
바나나?

"원숭이 엉덩이는 빨개, 빨가면 사과, 사과는 맛있어…"

어릴 적 누구나 해 봤을 이 연상 놀이는 학생들에게 비유의 원리를 설명하는데 편리하게 사용할 수 있다. 예를 들어 김동명의 시에 나오는 "내 마음은 호수요"라는 비유가 성립할 수 있는 것은 원숭이 엉덩이와 사과 사이에 '빨갛다'는 연상의 고리가 있듯, '내 마음'과 '호수' 사이에도 '잔잔하다, 평온하다, 포용할 수 있다, 맑다'와 같은 연상의 고리가 있기 때문이다. 이 연상의 고리는 사람들의 공감을 얻을 수 있어야 성립할 수 있다. 만약 누군가 호수에서 '썩다, 둑이 터지다'와 같은 것을 연상해서 '내 마음은 호수다'라고 한다면 인정을 받지 못하는 비유가 된다.

그런데 이 연상 놀이에서 흥미로운 것은 '사과는 맛있어' 다음에 '맛있는 건 바나나'가 온다는 것이다. 요즘 아이들에게 맛있는 걸 떠올리라고 했을 때 바로 바나나를 떠올리는 아이가 과연 몇 명이나 될까? 그리고 지금 남녀노소를 대상으로 맛있는 것 하면 제일 먼저 떠오르는 것을 조사한다고 하면 30% 이상 동의하는 음식이 과연 있을까 하는 의문도 든다.(요즘 직장에서 모두가 좋아하는 회식이 없는 것도 같은 맥락이라고 볼 수 있다.) 그럼에도 '맛있는 건 바나나'가 통용되는 것은 이 연상 놀이가 생각보다 긴 역사를 가지고 있기 때문이라고 할 수 있다.

  어릴 적 시골 촌놈들에게 바나나는 '용, 봉황, 마법' 등과 같은 반열에 있는 말이었다. 말은 있지만 한 번도 본 적이 없고 상상 속에나 존재하는 그런 음식이었다. 나는 죽기 전에 그런 천상의 음식을 먹어 볼 수 있을까 하고 생각을 했었는데, 어느 날 기적이 일어났다. 일본에 살았던 소나미(어른들이 그렇게 발음했는데 정확히는 스나미였을 것이다.) 아재가 명절날 한국에 오면서 바나나를 가지고 온 것이었다. 큰 솥에 푹 삶아서 차례상에 올린 바나나를 보면서 음복할 때를 기다리던 시간이 왜 그렇게 긴지 몰랐다. 차례를 마치고 막상 삶은 바나나를 먹어 보니 삶은 고구마 비슷한 맛이 나는데 기대했던 것만큼 맛있지는 않았다. 그렇지만 나는 학교에 가서 친구들에게 내가 먹은 바나나가 얼마만큼 맛있었는지 말로 설명을 했고, 친구들은 군침을 삼키며 경청했었다. 이러한 문화적 배경에서는 '맛있는 건 바나나'가 너무나 자연스러운 것이었다.

이제 바나나 자리에 피자, 치킨, 불고기, 탕수육 등등의 음식을 넣는다 해도 그것은 개인의 취향일 뿐 모두가 동의하기는 어렵다. 모두가 둘러 앉아 바나나의 맛 이야기를 듣던 그 시절, 맛있는 건 바나나라는 것에 모두가 동의하던 그 시절, '바나나는 길어'라고 해놓고 약간은 음란한 상상을 하며 야릇한 미소를 주고받던 그 시절을 생각해 보면 게오르그 루카치가 쓴 《소설의 이론》의 제일 앞에서 말한 '창공에는 별이 있었고, 별빛이 길을 밝혀주던' 그런 시절이 아니었나 싶다.

노벨 문학상

　지금 3, 40대들은 만화《들장미 소녀 캔디》의 내용은 잘 기억하지 못하지만 "외로워도 슬퍼도 나는 안 울어"로 시작하는 주제가는 너무나 명확하게 기억을 한다. 안소니, 테리우스, 이라이자 이런 이름들과 함께 몇몇의 이미지들은 기억하지만, 내용은 정확하게 기억이 나지 않다 보니 주제가처럼 캔디라는 인물은 청순가련하지만 씩씩한 인물로 각인이 되어 있다. 드라마에서도 캔디형 인물이라고 하면 돈 많고 잘 생긴 남자의 사랑을 받는 가난한 여자를 칭하는데, 캔디형 인물은 대개 외롭고 슬퍼서 연민을 자아내는 것과 밝고 씩씩한 성격이 복합적으로 작용을 해서(우리나라에서는) 남자의 사랑을 받는다.

　그런데 원작의 주제가를 보면 우리나라와는 많이 다르다. 일본의 주제가는 다음과 같다. "주근깨 따윈 신경 쓰지 않아.

납작코라 해도 그래도 마음에 들어. 말괄량이 장난 너무 좋아. 달리기 깡충 뛰기 너무 좋아. 나는 나는 나는 캔디. 나 혼자 있으면 조금 쓸쓸해. 그럴 땐 이렇게 말하지 거울을 보면서. 웃어라 웃어라 웃어라 캔디 울보 따위는 안녕이야." 이 주제가를 보면 캔디는 한마디로 못 생겼지만 명랑한 여자다. 이런 유형의 인물은 한국에서는 주인공 옆에 있는 감초 같은 존재는 될 수 있지만 절대로 주인공이 될 수가 없다. 만약에 원래의 캔디 주제가를 그대로 번역해서 불렀다면 우리가 알고 있는 주제가만큼 사랑을 받을 수 없었을 것이다.

이와 비슷한 예로 대구 출신 작곡가 박태원이 번안한 노래 '클레멘타인' 을 들 수 있다. '클레멘타인' 은 원래 포티나이너라고 불리는, 1849년 금광을 찾아 서부로 몰려든 사람들의 노래였다. 그들은 열악한 환경 속에서 힘든 노동에 시달리던 가장 불쌍한 사람들이었다. 원래의 노래를 번역하면 뒷부분은 거의 같고 앞부분은 '깊고 깊은 산골짝에 금광 찾아 땅 파는 포티나이너 아버지와 클레멘타인 있었네' 정도가 된다. 그러나 이렇게 하면 우리나라 사람들은 공감을 하기 어렵기 때문에 번안자는 포티나이너 아버지를 한국에서 가장 힘든 노동에 시달리던 '고기 잡는 아버지' 로 바꾼 것이다. 번역이라는 것이 어려운 이유는 바로 이런 각 나라 간의 미묘한 정서적 차이를 옮기는 것이 어렵고, 옮기려고 하는 순간 원작에서

의도한 것과는 많이 달라지기 때문이다.

　몇 년째 되풀이 되는 일이지만 노벨 문학상 발표가 될 즈음에 고은 시인의 집 주변에 기자들이 몰려들었다가 허탈하게 흩어지고, 한국 작품의 번역이 활성화되어야 한다는 분석의 기사가 나온다. 시의 경우 번역이 되는 순간 원래의 맛과 멋이 사라지기 때문에 번역을 한 작품들이 인정을 받기는 어렵다. 서점에 번역된 소설이나 수필집은 많지만 시집을 보기는 힘든 것만 봐도 알 수 있다. 그렇지만 노벨 문학상을 받은 시인들은 대부분 그 나라에서는 국민 시인으로 불리고, 그 나라 사람들은 그의 시를 애송한다. 그런 것을 보면 문제는 꼭 번역에만 있는 것은 아니다.

공포 화법

"어머님, 지금 수성구 엄마들은 어떻게 하는지 아세요?"

아이들 방문 학습지 선생님과 함께 온 상담부장이라는 분이 아내에게 한 말이다. 아마 상담부장은 수성구 엄마들에게는 "지금 강남 엄마들은 어떻게 하는지 아세요?" 하고 말을 할 것이다. 이것은 사교육 업체에서 제안하는 사교육을 안 하면 우리 아이가 뒤처질 것만 같다는 막연한 공포를 유발하는 화법인데, 사람의 마음을 돌려 소비하게 만드는 마케팅의 기법으로는 매우 효과적인 기법이다. (내가 수성구에 있는 학교에 근무하고 있지 않았더라면 우리 집도 아마 학습지 몇 개를 더 받아 봤을 것이다.)

과학적인 관점에서 이야기를 하자면 공포라는 감정은 관자놀이 안쪽에 있는 편도체라는 감정 중추에서 관장을 하는데, 편도체에서의 판단은 대뇌에서 이루어지는 이성적인 판단을 압도한다. 바퀴벌레를 보았을 때, 바퀴벌레가 내가 밟아 죽일 수 있을 만큼 작고, 내 살을 뜯어먹거나 독을 쏘지 않을 것이라는 이성적 판단에 앞서 비명부터 지르고 호들갑을 떠는 이유가 그 때문이다.

사교육 업체나 기업들에서 공포를 이용하는 이유는 매일 수도 없이 많은 제품과 정보들이 쏟아져 나오는 시대에 이성적으로 설득해서는 두드러지기 어려운 경우가 많기 때문이다. 사람은 고립감과 예측 불가능한 미래에 공포를 느끼는 경우가 많다. 그래서 제품의 장점을 차분하게 설명하는 것보다 '요즘 00 모르면 왕따예요' 라는 광고 카피를 강조하는 과자 광고가 훨씬 더 큰 설득력을 가진다. 이것은 예전에 '00 모르면 간첩' 이라고 하던 것을 변형시킨 것으로, '간첩' 보다 '왕따' 가 더 무서운 것이라는 시대상이 반영되었을 뿐 공포를 이용하는 원리에는 변함이 없다. 아이들은 집에 가서 부모님을 설득할 때 그런 공포를 효과적으로 이용한다. 핸드폰 사 주면 공부에 방해될 것이 뻔해서 안 사 주는 것인데, 아이가 "핸드폰 없는 애는 반에 저밖에 없어요." 라고 하면 부모들은 이성적 판단이 약해질 수밖에 없다.

대학 입시 제도의 개편안이 나올 때마다 사교육계에서는 발 빠르게 대응을 한다. 평가원에서 수능을 담당하고 있는 선배가 아이 학원으로부터 '수능 체제가 앞으로 이렇게 변하는데, 이러이러한 대비를 하지 않으면 늦게 된다.' 는 상담을 받았다는 우스개도 있다. 정부에서는 사교육을 줄이기 위해 새로운 입시 제도와 정책을 내놓고 있지만, 정작 실제에서는 제도 변화 자체가 공포를 만들어 내는 소재가 되어 사교육 시장의 좋은 홍보 거리가 되고 있는 실정이다. 이런 현상의 가장 큰 원인 중 하나는 사람들이 아이 교육 문제만 나오면 귀가 얇아지고, 공포를 조장하는 화법에 너무 쉽게 설득된다는 점이다.

도로명 주소
유감

  몇 해 전 모의고사 출제를 들어갔을 때 듣기 문제 출제를
맡은 선생님이 도로명 주소 체계를 대본으로 만들어 왔었다.
거리를 그림으로 그려 놓고 하나씩 짚어 가는 형태의 문제가
보기도 좋고, 문제의 난이도를 조절하기도 쉬웠기 때문에 일
단 그 소재로 문제를 만들었다. 그러나 막상 문제를 꼼꼼히
검토하는 과정에서 출제자에게 질문이 쏟아지기 시작했다.
꼬불꼬불하게 복잡하게 이어진 도로에서는? 재개발로 도로
가 없어지거나 새로 생기면? 도로가 제대로 구분이 안 되는
시골은? 이런 질문들에 대해 시원한 답을 듣지 못해서 답답해
하고 있던 차에 "미리내길이 어디에 있는 줄 알고 찾아가
나?"라는 질문에 출제자는 인터넷 검색하면 된다고 했다. 모
두들 그럴 바엔 구주소를 검색해서 찾아가면 될 것이지 왜 혼
란스럽게 행정과 국민 생활에 엄청난 혼란을 주면서까지 도

로명 주소를 추진하느냐는 의견을 냈고, 정책 담당 공무원만큼 답변을 해 줄 자신이 없었던 출제자는 그 문제를 내리고 다른 문제를 출제했었다.

사실 대충 넘어갈 수도 있었던 문제였지만 국어 선생들이 그렇게 집요하게 물고 늘어졌던 이유 중 하나는 새로운 주소 체계에 대한 반감이 있었기 때문이라고 할 수 있다. 새로운 주소 체계가 공간의 흐름을 중시한다면 구주소는 한 지역의 시간을 반영하는 것이다. 그래서 구주소에 있는 지명들은 사람들의 삶이 녹아 있는 것이고, 이 고유명사들은 우리말 역사의 한 부분이다. 예를 들어 내가 살았고, 지금도 부모님과 할머니가 계신 곳은 도개면 가산2리나 원홍마을로 불리는 곳이다. 이 주소에는 흉년을 피하기 위해 덕을 쌓는다는〔加德〕 의미로 저수지를 만들었던 우리 옆 동네 이야기와 빈대 때문에 폐쇄되었다는 원홍사라는 절 이야기도 녹아 있다. 그렇지만 가산로, 가산3길과 같은 지명은 공간의 흐름을 나타내기 위해 임의로 만든 것일 뿐 그 안에는 삶이 없다. 이에 대해 가산리와 가산로는 같은 근원에서 나왔기 때문에 같은 의미를 담고 있다고 할 수도 있다. 그러나 새방골 사람들과 새방로 사람들 중 어느 곳이 더 동류의식을 느끼는지를 생각해 보면 답은 쉽게 나올 것이다

문제를 출제하려고 했던 그때 보급이 되기 시작했던 내비

게이션과 스마트폰이 몇 년만에 완전히 대중화가 되어 이제는 언제 어디서든 원하는 주소를 바로 찾아갈 수 있게 되었다. 이전처럼 쪽지에 적힌 주소를 보며 이리저리 찾아다니는 일은 없게 되었기 때문에 원하는 주소를 쉽게 찾을 수 있다는 도로명 주소의 장점이 없어진 시대가 된 것이다. 사람들이 현재의 주소 체계에 불편함을 느끼지 못함에도 불구하고 정부는 예정대로 도로명 주소만을 사용할 것을 강행하고 있다. 새로운 제도가 시행이 될 때는 혼란과 불편함이 따르기 마련이다. 그러나 그 혼란과 불편함을 통해 얻는 것보다 잃는 것이 더 많다면 그것은 문제가 있는 것이다.

한국의
만델라

　남아공에서 온 원어민 교사와 식사를 하다가 남아공에서 가장 유명한 한국인이 누구인지를 물어보았다. 원어민 교사의 말로는 박지성, 김연아, 싸이, 그리고 영화 '클라우드 아틀라스'에 출연한 배두나가 유명하다고 했다. 역사적 인물이나 정치인 중에서는 김대중 전 대통령이 가장 유명한데, 김 전 대통령은 '한국의 만델라'로 불린다고 했다.

　자신이 표현하려고 하는 것을 효과적으로 표현하는 방법 중 하나는 듣는 사람이 가진 배경 지식을 충분하게 이용하는 것이다. 남아공 사람들은 만델라에 대해 너무나 잘 알고 있기 때문에 남아공 사람들에게 김 전 대통령의 생애를 구구절절이 이야기하는 것보다 '한국의 만델라'와 같은 표현이 더 효과적인 표현이 될 수 있다. 한국인으로서 토트넘에서 맹활약을 하는 손흥민 선수를 '제2의 차범근'으로 표현하는 것도 이와 같은 원리로 표현하는 것이다. NC다이노스의 야구 선수 노성호는 류현진 선수와 외모와 투구폼이 비슷하고, 150km대의 강속구를 뿌리는 등 공통점이 많다. 그래서 누리꾼들은 명품에서 몇 가지 기능을 빼고 가격을 낮춘 제품을 보급형이라고 부르는 것에서 유추해 노성호 선수를 '보급형 류현진'이라고 부르기도 하는데, 이 역시 같은 원리를 가진 표현이다.

앞에서 이야기한 예들을 학술적인 용어로 분석하면, 듣는 사람들이 익히 알고 있는 '만델라, 차범근, 류현진'을 '배경'이라고 하고, 소개하려고 하는 '김대중, 손흥민, 노성호'를 '전경'이라고 한다. 이 표현이 성립하려면 전경과 배경 사이에는 공통점이 존재하고, 배경은 전경보다 더 잘 알려진 것이어야 한다. 축구선수 메시를 '제2의 마라도나'라고 한 적이 있었지만, 이제는 메시가 마라도나보다 더 유명해졌는데, 이처럼 전경과 배경의 관계는 유동적이기도 하다.

그런데 우리가 한 가지 생각해 보아야 할 점은 우리나라에서는 만델라를 '남아공의 김대중'과 같은 방식으로 잘 표현하지 않는다는 점이다. 전경이 되어야 할 외국의 유명인들은 배경이 되어야 할 한국인보다 항상 더 유명해 보이기 때문이다. 그 원인은 한국에 인물이 없어서 그런 것이 아니라 한국인의 한국인에 대한 평가는 너무나 박하기 때문이다. 외국에서는 99가지 부족한 점이 있어도 한 가지 위대한 점이 있다면 위인으로 띄워 주지만, 우리나라는 99가지 위대함이 있어도 한 가지 결점을 가지고 깎아 내린다. 에디슨은 슈퍼 갑 노릇을 했던 악덕 기업주에다 아들하고 재산 문제로 소송을 벌일 정도로 인간성은 별로였다. 헬렌 켈러는 매우 적극적인 좌파 운동가였다. 아마 이들이 한국에 있었으면 세계 위인전에 절대로 나올 수가 없었을 것이다.

외국의 위인들과 비교해 본다면 김대중 전 대통령뿐만 아니라 박정희 전 대통령이나 노무현 전 대통령도 한국의 위인으로 세계에 충분히 내놓을 수 있는 인물들이다. 그렇지만 현재 우리나라에서는 대한민국의 자산인 인물들을 알리려 하기보다는 정쟁의 중심에 놓고 나쁜 쪽으로만 이용하고 있다는 것이 서글플 따름이다.

사표死票

　선거가 끝나면 정당이나 언론들은 나름대로 선거 결과에 대해 이런저런 말을 한다. 그 중 가장 흔하게 듣는 말 중 하나가 "부동층의 사표死票 방지 심리가 작용을 했다.", "선거 막판 지지층이 결집을 했다."와 같은 말이다. 여기에서 '사표'란 낙선한 후보자에게 던진 표를 가리킬 때 쓴다. 이 말을 뒤집어 생각해 보면 될 사람에게 표를 던지지 않은 것은 말 그대로 죽은 표, 무의미한 표, 무가치한 표라는 것이다. 사표라는 말은 잘못 규정된 말 하나가 얼마나 현실을 왜곡하는지를 보여주는 예가 될 수 있다.

　현실을 한 번 생각해 보자. 지방 선거 전에 서울에 있는 선생님은 한 시사 주간지에 나온 '악수가 손에 붙는다.' 는 야당 대구시장 후보의 기사를 보고 나에게 대구 여론이 진짜 그렇냐고 물었다. 나는 대구가 조금씩 변하고 있지만 아직은 아니라고 답을 해 주었었다. 사실 대구의 선거 결과에 대해서는 선거를 치러 보지 않아도 누구나 쉽게 예측할 수 있는 것이다. 그래서 긴장감도, 흥미도 없으며 현재의 개념대로 사표를 규정한다면 여당을 지지하지 않는 표는 죽은 표가 될 것이 뻔하기 때문에 당연히 투표율도 낮은 것이다. 그렇다고 단순히 사표를 방지하기 위해 아무런 의미도 없는 표를 지지하지도 않는 후보에게 표를 던지는 것은 정치권에 '지지층이 결집' 했다는 잘못된 신호를 보낼 수 있다.

엄밀하게 말하면 죽은 표, 무의미한 표는 없다. 확고한 여당 지지자의 표는 자신의 의사를 분명히 표현하는 수단이 된다. 그런 확신이 없지만 여당 후보에게 표를 던진 사람들은 이왕이면 당선될 사람에게 힘을 실어주겠다는 의사의 표현이라고 할 수 있다. 낙선자에게 던진 표는 좀 더 다양한 의미가 있다. 확고한 야당 지지자의 표는 자신의 의사를 분명하게 표현하는 수단이다. 그리고 대구도 보수 일색이 아니라 다양한 정치적 경향이 있다는 것을 표현하는 것이 된다. 그리고 야당 후보를 지지하지는 않지만 정부와 여당이 하는 것이 마음에 들지 않는다는 의사의 표현일 수 있다. 또는 여당 야당을 떠나서 당선이 안 될 줄은 알지만 참 아까운 사람이라서 용기를 잃지 말았으면 하는, 혹은 선거 비용이라도 건져서 다음 기회를 노렸으면 하는 의사의 표현일 수 있다. 투표장에 가서 무효표를 만들어 내는 것도 정치권에 대한 나의 불신을 표현하는 하나의 수단일 수 있다.

투표장에 들어가 행사한 모든 표는 자신의 정치적 의사를 표현하는 것이다. 그러므로 그 표에 대해서 죽은 표로 규정하는 것은 매우 온당하지 못하다. 대신 진짜 죽은 표, 무의미한 표는 따로 있다. 그것은 살아있는 사람의 생각이 담기지 않은 표, 바로 투표에 참여하지 않은 표이다.

이름 이야기

사회인 야구를 하다 보면 팀 이름 중에는 프로야구에서는 쓸 수 없는 과감한 이름들이 많다. 상위 리그에서는 '흑풍', '블랙비스트', '나이트스텔스'와 같은 어감만으로도 강한 인상을 주는 이름들이 많은데, 그런 이름을 가진 팀의 선수들은 왠지 시커멓고 덩치도 크고 인상도 험악해 보인다. 이름만으로 반쯤 기선을 제압하는 이 이름들의 특성은 기본적으로 연상되는 의미가 공포감을 줄 수 있는 것이다. 그리고 ㄱ,ㄷ,ㅂ 계열의 소리인 파열음을 많이 사용하여 어감으로도 강한 느낌을 준다. 성대를 울리면서 공기를 흘려보내는 소리(ㄴ,ㄹ,ㅁ, ㅇ, 모음)는 부드러운 느낌을 주는 것과 달리 파열음은 공기를 막았다가 한꺼번에 터뜨리는 방식으로 내는 소리이기 때문에 억센 느낌을 준다. '능인 파코스'라는 우리팀 이름은 '능인'이라는 이름이 울림소리만으로 구성되어 있기 때문에 전혀 위압감을 주지 못한다. 대신 '파코스'는 파열음 중에서도 거센소리를 사용하였기 때문에 강해 보일 수 있었지만, 'ㅏ, ㅗ'와 같은 양성모음과 결합해서 느낌이 강하지 못하다. '페이커스'나 '플루크스'라고 하면 어감이 훨씬 더 강해 보일 수 있다.(단 '플루크스'라고 한다면 어감은 강렬할지 몰라도 개그 야구단이라는 인상을 줄 수 있다.)

우리와 같은 공무원 리그에 있는 경찰관들로 구성된 '동부불스'라는 팀은 파열음에다 크고 둔한 느낌을 주는 음성모음이 결합되어 있다. 거기다 '불스'가 가진 의미, 영화 '공포의 외인구단'에 나오는 것과 비슷한 유니폼 때문에 반쯤 긴장하고 들어간다. 다들 우락부락하게 황소처럼 보이는 것 같고, 쳤다 하면 외야로 공을 뻥뻥 날리는 것을 보면(분명 간밤에 팔공산 아래서 음주 단속하다 왔을 텐데) 산에서 도끼질하다 왔거나 공사판에서 해머질하다 온 사람들처럼 보였다.

반면에 '죽기전에', '하고잽이'(뭐든지 해 보려고 하는 사람을 이르는 경상도 사투리), '다디져스', '놀기사마'와 같은 팀들에 있는 사람들은 팀 이름 때문인지 다들 인상이 웃는 얼굴에 승패를 초월해서 그냥 야구를 좋아하고 즐기는 사람들 같다. 실책을 해도, 삼진을 먹어도 '잡기 힘든 공은 잡지 않는다. 치기 힘든 공은 치지 않는다.'는 삼미슈퍼스타즈 팬클럽의 강령을 실천하고 있는 것처럼 보인다. 그런데 재미있는 것은 사회인 야구에서는 여러 팀에 동시에 속하는 경우가 있는데, 예를 들어 '동부불스'에 속해 있는 선수가 '놀기사마'에 가면 완전히 다른 사람처럼 보인다는 것이다. 팀 이름에 따라 사람의 인상만 달라지는 것이 아니라 경기에 임하는 마음가짐이나 경기하는 스타일도 많이 달라진다. 이름에는 이처럼 우리의 태도와 때로는 운명을 좌우하는 마력을 가지고 있다.

야구팀 이름처럼 어떤 단체의 이름을 짓는 것은 단체가 지향하는 철학을 이름에 자유롭게 담을 수 있지만, 사람의 이름을 지을 때는 그렇게 하는 것이 매우 조심스럽다. 왜냐하면 자식의 이름이 가진 운명은 이름을 짓는 부모가 가져가는 것이 아니라 자식이 평생 가져가야 하는 것이기 때문이다. 그래서 부모가 부여한 특별한 의미나 상징성이 강한 이름은 아이에게 큰 짐이 되는 경우가 있다. 지금은 영화감독으로 더 유명한 이창동 전 장관의 소설 〈용천뱅이〉에는 열렬한 마르크스주의자인 아버지가 아들의 이름을 '김막수'로 지은 이야기가 나온다. 아들은 그 이름으로 인해 친구들에게 놀림을 받아야했고, 아버지가 져야만 했던 좌우 이념 대립의 짐까지 이름을 통해 물려받았다. 주인공은 결국 아버지와의 단절을 위해 '김영진'이라는 이름으로 개명을 한다.

이런 예는 소설 속의 이야기만은 아니다. 중학교 때 '달달'

이라는 이름을 가진 친구가 있었다. 부모님이야 '통달하고, 통달하라[達達]' 하라는 좋은 뜻으로 이름을 지었겠지만, 성까지 '오' 씨다 보니 출석을 부를 때마다 교실에서는 웃음이 터졌다. 어린 나이에 이름만으로 그렇게 남의 이목을 받는다는 것은 지금 생각해 보면 굉장한 스트레스였을 것이다. 그래서 그 친구는 스스로 개명을 했고 '달달' 이라는 이름은 그 친구의 흑역사로 남아 있다.

예전에는 나도 자식을 낳아 이름을 짓는다면 한글 이름, 뭔가 큰 의미를 담고 있는 그런 이름을 지어야겠다는 생각을 하며, 형제, 자매 이름이 '여진, 여선, 여미', '일우, 이우, 삼우 … 칠우' 이렇게 가는 이름들을 보고 참 무성의하게 지었다고 생각을 했었다. 그런데 막상 아이 이름을 지으려고 보니 그렇게 지은 데도 어른들 나름의 철학이 들어 있다는 생각을 하게 되었다. 그 이름들은 기본적으로 항렬자를 따름으로써 형제라는 일관성과 순서는 남기되, 부모의 의지를 이름에 부여하는 것을 최소화한 것이다. 그리고 '일, 이, 삼, 사…' 로 나가는 이름을 가진 집의 경우 금기시 되어 있는 '사우' 대신에 '성우' 를 쓰고, 소 키우는 집이라 그런지 몰라도 '육우' 대신에 '영우' 라는 이름을 쓴, 단순해 보이지만 단순하지 않은 원칙이 담겨 있었다.

사람의 이름은 특별한 의미를 담기보다는 부르기 좋고, 어감이 좋은 것이 좋다. 튀는 이름보다는 너무 흔하지 않으면서 적당히 익명성도 있는 그런 이름을 가지고 있으면 어려서부터 이름 때문에 받는 스트레스는 없을 것이다. 사람의 이름에 특별한 의미를 담고 싶다면 그것은 부모가 자식에게 할 일이 아니라 자식이 스스로 가명을 쓰든지, 개명을 하면 되는 일이다.

공화국

대한민국 헌법 제1조에는 "① 대한민국은 민주공화국이다. ② 대한민국의 주권은 국민에게 있고 모든 권력은 국민으로부터 나온다."라고 되어 있다. 보통 '공화국', '공화정'이라고 하면 왕정이나 독재정과 대립되는 '주권재민主權在民'의 개념으로 생각하는데, '민주국가'라는 말과 별 차이가 없어 보인다. 그리고 ②항이 ①항의 내용을 부연 설명하고 있는 것이라고 본다면, 대한민국은 '민주국가'라고만 해도 되기 때문에, '공화국'이라는 말은 잉여적 표현에 가깝다. 그렇지만 헌법에서 '민주民主'라는 말과 별도로 '공화共和'라는 말을 넣은 이유는 무엇일까?

법률가들이 대한민국을 규정하면서 '민주'와 '공화'를 함께 쓴 이유는 이 둘의 의미하는 바가 다르기 때문이다. 민주주의는 고대 그리스의 정치체제에 뿌리를 둔 것으로 그리스어의 'demokratia'를 번역한 것이다. 이 말은 'demo〔대중〕'와 'kratia〔지배〕' 두 낱말이 합쳐진 것으로 '국민의 지배'를 의미한다. 공화주의나 공화국은 로마의 정치 체제에 뿌리를 둔 것으로 라틴어의 'res publica'를 번역한 것이다. 공화共和는 한자 그대로 '여럿이 화합한다'는 뜻이므로 공화국의 정신을 잘 나타낼 수 있는 말이다. 그리고 중국 주나라의 여왕厲王이 폭정을 하다 쫓겨나고 일부 제후들과 대신들이 왕을 대신하여 집권하던 시기의 연호가 '공화共和'였으므로 적절한 번역이라고 할 수도 있다.

그렇지만 지금 res publica에 더 적절한 번역어를 찾으라고 한다면 아마도 '공동체'가 될 것이다. 공화주의가 지향하는 것은 단순히 때가 되면 투표를 해서 대표자를 선출하는 것이 아니다. 공화주의에서는 개인의 사적 영역과 의사 결정의 자유, 표현의 자유를 인정하면서 한편으로는 공동체를 위해 일정한 의무를 지고, 연대를 위해 노력해야 하는 '덕성'이 강조된다. 공동체를 위한 의무와 덕성이 강조된다는 점에서 공화주의는 자유주의나 민주주의와는 약간 다른 개념이라고 할 수 있다. 현대의 법치주의도 공화주의 안에 모두 통합이 되었는데, 어떤 권력이든지 법의 통제를 받아야 하고, 공동체나 구성원의 권리를 침해할 수 없도록 한 것도 공동체를 위한 것이라고 할 수 있다. 바꾸어 이야기를 한다면 공화국의 사람들은 모두가 잘 사는 것에 대해 고민하고, 공동의 선善을 이루기 위해 노력을 한다. 그리고 개인의 이익에 집착하기보다 공동체 전체의 운명을 먼저 걱정하는 덕성을 갖추고 있는 사람들이라고 할 수 있다. 권력을 가진 사람들은 항상 공동체 전체의 이익을 위해 노력해야 하고, 권력이 남용되지 않도록 항상 감시와 견제를 받아야 한다.(그럴 것이라는 믿음을 바탕으로 이루어진 체제가 공화국이라고 할 수 있다.)

사람이 여럿이 모여 살다보면 개인 간의 이익이 충돌하기 때문에 화합보다는 갈등과 분열이 더 크게 나타날 수 있다. 그렇지만 공화국은 공동체를 위해 조금씩 양보할 수 있는 국민들로 이루어져 있다는 믿음을 바탕으로 두고 있다. 세금을 적게 내면서 국가로부터 많은 혜택을 받는 사람들은 세금도 많이 내고, 의무는 많이 지면서도 국가로부터의 혜택은 거의 받지 못하는 사람들에게 감사할 수 있어야 한다. "내 경로 우대 혜택은 안 받아도 좋으니 그 돈으로 아이들 밥은 제대로 먹여야지."라고 말하면 "어르신들 모시기 위해 저희가 좀 더 희생하겠습니다."라고 화답할 수 있는 사람들로 이루어진 국가가 바로 공화국이라고 할 수 있다.

궁극적

중학교 때 사회 시험 문제에 '정당의 궁극적인 목적으로 알맞은 것은?'이라는 문제가 있었다. 나는 '공익 추구'라는 답을 선택했는데, 정답은 '정권 획득'이었다. 나는 답이 잘못되었다고 사회 선생님을 찾아가서 물었다.

"선생님, '궁극'이라는 말을 사전에 보면 '어떤 과정의 마지막이나 끝'이라고 되어 있는데, 그러면 그 뒤에는 아무것도 없어야 하잖아요. 근데 정치인들이 정권만 잡으면 그게 끝이 아니잖아요. 정치인들이 정권을 잡으려고 하는 이유가 자신들이 원하는 방식으로 공익을 추구하려는 게 아닌가요? 만약에 '정권 획득'이 '궁극적'인 목적이라면 무슨 수를 써서라도 정권만 잡으면 최고라는 건데 이건 말이 안 되잖아요."

나의 말에 사회 선생님은 빙긋이 웃으며 교과서를 펴서 밑줄이 그인 부분을 보여주었다. 그렇지만 나는 굴하지 않고 말했다.

"제가 공부를 안 한 건 맞지만, 선생님께서는 제가 물은 것에 대해서는 답을 안 해 주셨는데요. 어떻게 '궁극적' 목적이 될 수 있는지…."

나는 말을 끝내기도 전에 불이 번쩍할 정도로 따귀를 맞았다. 당시 대구에서 유일한 남녀공학에 다녔던 불쌍한 사춘기 소년은 무엇을 잘못한 지도 알지 못한 채 한 시간 동안 여학생들도 많이 드나드는 교무실 앞에서 무릎을 꿇고 있어야 했다. 그 뒤 학력고사를 칠 때까지 똑같은 문제가 몇 번 더 나왔었다. 그리고 언제나 매력적인 오답으로 '공익 추구'라는 선지가 있었다. 중학교, 고등학교를 거치는 동안에 한 번도 그문제에 대해 납득할 만한 설명을 들은 적이 없었기 때문에 나는 꿋꿋이 '공익 추구'를 답으로 선택을 했었다.

대학에서 정치학개론을 들으면서 이 문제에 대한 약간의 실마리를 얻을 수 있었는데, 문제의 정답을 '정권 획득'이라고 하는 것은 정당이 여타 집단과는 다른 성격을 가지고 있기 때문이라는 것이다. 정당이라는 것이 권력에 대한 의지를 가지고 있는 사람들이 결집한 것이기 때문에 시민 단체나 공익 법인과는 분명하게 다르다. 바로 이 권력 지향적 성격을 강조하기 위해 사용하는 일종의 수사적 표현이 '정당은 궁극적으로 정권 획득을 목표로 한다.'는 명제라고 할 수 있다.

그렇지만 나는 사춘기 소년이었던 때나 지금이나 여전히 '궁극적'이라는 말에 동의하지 않는다. 국민들은 정치인들이 정쟁을 하는 것에 대해 염증을 느끼지만 사실 정치인들은 자신의 역할에 충실한 것이 될 수 있다. 궁극적 목표인 정권을 획득하기 위해서는 상대를 꺾어야 하므로 공개적으로 상대를 칭찬하는 법은 없고, 조그만 잘못도 크게 떠든다. 서로를 헐뜯는 것이 모두 '궁극적 목표'를 향해 가는 과정으로 합리화될 수도 있는 것이다. 때로는 말 하나가 잘못된 관행을 만들어 내기도 한다.

새뚝이 마당과
박정희시

서울대학교에는 본부와 도서관 건물 사이에 광장이 있는데, 서울대 사람들은 이곳을 아크로폴리스 광장이라고 부른다. 내가 신입생이었을 때 PD(민중민주) 계열 학생들의 우상이었던 백기완 선생이 이곳에서 강연을 했었는데, 강연에서 선생은 서울대 학생들이 주체성을 가져야 한다면서 이곳을 '새뚝이 마당'으로 바꾸자는 제안을 했었다. 새뚝이는 남사당 놀이패에서 기존 놀이판의 막을 내리게 하고 또 다른 장을 새롭게 여는 사람을 말한다. 백기완 선생은 새뚝이가 신선하게 등장해 과감한 발상과 성실한 활동으로 낡은 관습을 허물고 보다 나은 새 판을 만든다는 점에 주목해 사회 변화를 이끌어 가는 민중들을 지칭하기 위해 이 말을 썼었다.

'새뚝이 마당'이라는 이름은 공간이 지닌 성격에 부합하고, 우리 민족의 주체성을 강조한다는 명분에도 맞으며, 무엇보다도 '아크로폴리스 광장'이라는 말보다 짧아서 이름으로 부르기 쉽다는 장점도 있었다. 그렇지만 그 이름은 널리 불리지 못했고, 지금은 그런 이름으로 부르자는 이야기가 있었는지도 잘 모른다. 그 이유는 서울대 사람들이 새뚝이 마당이라는 이름이 가진 명분보다 아크로폴리스 광장이라는 이름이 가진 역사성을 중시했기 때문이라고 할 수 있다. 아크로폴리스 광장이라는 이름이 사라진다고 해서 아크로폴리스 광장과 함께 했던 수많은 사람들의 역사가 사라지는 것은 아닐 것이다. 그러나 특정 정파의 이념이 담긴 새뚝이 마당으로 부른다면 광장의 역사는 한 정파의 것이 될 것은 분명했다. 새뚝이 마당이라는 이름이 좋다 하더라도 그런 것을 감수하면서까지 불러야 할 만큼 꼭 필요한 것은 아니었다.

얼마 전 구미시를 박정희시로 바꾸겠다는 한 지방 선거 예비 후보자의 발언이 화제가 되었다. 약력을 적을 때 항상 제일 첫 줄에 '경북 선산 生'으로 적는 나로서는 당연히 관심을 가질 수밖에 없는 일이었다. 사실 박정희시로 바꾸자는 것은 아크로폴리스 광장을 새뚝이 마당으로 바꾸자는 것보다 더 정파적 입장이 강한 것이어서, 30년도 채 안 되었던 아크로폴리스 광장과는 비교도 되지 않을 정도의 역사를 가진 선산 구미의 역사를 묻어버릴 수가 있는 것이다. 제안한 사람이야 박정희 전 대통령이 이 세상에서 가장 위대한 사람이고 모두가 존경하며, 그 이름을 듣는 것만으로도 행복하다고 생각할지 모르지만 그것은 모두가 동의하는 것은 아니다. 특히나 소련의 레닌그라드나 스탈린그라드와 같이 권력자의 이름을 딴 도시의 이름이 역사의 평가가 이루어지며 사라진 것을 생각해 보면 참으로 위험한 발상이기도 하다.(모든 문제의 근원은, 대구 경북 지역은 대통령이 무엇을 해도 지지할 특이한 정치 성향을 가진 곳이기 때문에, 정치인들 머릿속에는 지역을 위한 비전보다는 그 분의 마음에 드는 것이 최우선이라는 점 때문이다.)

택리지에 있는 "조선 인재 반은 영남이요, 영남 인재 반은 선산"이라는 구절을 굳이 인용하지 않더라도 우리 고향에는 역사적으로 뛰어난 인물들이 많았다. 박정희 전 대통령도 그 중 한 명일 뿐이었다는 선산 구미의 역사를 이해한다면 불필요한 논란은 없었을 것이다.

버르장머리와
망언妄言

　1995년 말 일본이 독도영유권을 주장했을 때, 당시 김영삼 대통령은 '버르장머리를 고쳐주겠다.' 는 국제관계에서는 유례가 없는 아주 강경한 발언을 했었다. 예전에 한 번 이야기한 것처럼 '-머리' 라는 접미사는 '얌통머리', '소갈머리', '인정머리' 등과 같이 비하의 의미를 가지고 있는 것이기 때문에 자신보다 조금이라도 위에 있거나 존중해 주어야 할 사람에게는 쓸 수가 없는 말이다. 그 중 '버르장머리' 는 주로 어른이 철없는 아이에게나 쓰는 말이기 때문에 국제관례에는 맞지 않지만 그 당시 국민들은 대통령의 발언을 매우 통쾌하게 생각했었다. 그래서 외교 전문가들이 우려를 표시했음에도 불구하고 국민들은 지지를 보냈었다.

　그 이후 한일관계는 악화 일로를 걸었는데, 그때 나는 우리과 대학원에 있던 일본인 유학생들과 이 문제에 대해 많이 이야기를 했었다. 그들에 따르면 일본 사람들은 한국 대통령이 말한 '버르장머리'라는 말의 의미를 알고는 경악을 했다는 것이다. 그러면서 하는 말이 한국이나 일본 모두 우파가 사회의 주류를 형성하고 있는데, 양국의 우파들은 기본적으로 서로에 대해 우월의식을 가지고 있기 때문에 친해지기가 어렵다고 했다. 우리는 일본을 쪽바리, 왜놈이라고 부르며 우리의 영향으로 문화가 발전했지만 은혜를 모르는 얍삽한 나라라고 생각한다. 반면 일본은 우리를 게으르고 허풍만 셀 뿐 실속이 없어서 언제든지 밟을 수 있는 나라라고 생각한다. 우리는 백제나 가야인들이 일본에 식민지를 건설했다고 생각하지만, 일본인들은 히미코 여왕 이래로 우리나라로부터 조공을 받아왔다고 생각한다. 심지어 우리나라를 노략질한 왜구에 대해서도 일본인들은 우리나라가 조공을 바치지 않는 것에 대한 응징으로 생각한다는 것이다.

이런 맥락을 알면 일본 정치인들이 왜 시시때때로 도발적인 망언妄言을 하는지 이해를 할 수 있다. 우리나라를 자극하는 도발적인 망언으로 인해 국제적인 마찰이 발생할 것이라는 것을 알지만, 내부적으로는 지지층을 결집시키는 효과가 더 크기 때문에 정치인들로서는 밑지는 장사가 아니다. 우리나라에서도 '버르장머리'라는 말로 지지층을 결집시킴으로써 대통령의 집권 후반기에 국정 운영의 동력을 얻었다는 점에서 밑지는 장사가 아니었다. 그때 일본에서는 일본 관료들의 망언에 대해 우리나라 사람들이 보이는 반응과 같이 매우 격양된 반응이 있었다. 일부 언론에서는 '조만간 우리가 너희의 버르장머리를 고쳐주겠다.'는 말까지 나왔다. 그리고 1년 뒤 우리나라는 외환 위기가 닥치면서 일본에 자금 지원을 요청하는 굴욕적인 상황을 맞이하게 된다. 충분히 지원을 해줄 수 있었음에도 불구하고 우리의 요청을 외면하고 IMF를 통해서 지원을 받으라고 하며 우리의 사절단을 문전박대한다. 이것이야말로 인정머리 없고, 버르장머리 없는 것이었지만 그것을 고쳐줄 힘과 당당함은 우리에게 없었다.(일본은 우리의 버르장머리를 확실히 고쳐 주었다고 생각한다.) 그 뒤의 과정은 모두 아는 바와 같이 IMF로부터 자금을 빌리고 IMF의 요구(IMF의 뒤에 숨은 미국과 일본이라고 하는 편이 정확하다.)를 모두 받아들일 수밖에 없었다.

역사책을 읽다보면 참으로 답답한 것이, 우리나라는 입으로는 버르장머리를 고쳐주겠다고 큰소리를 쳤지만 막상 일이 닥쳤을 때는 아무런 대응도 하지 못하고 하염없이 굴욕을 맞이했었다. 그런 과거가 있지만 지금도 일단 큰소리부터 친다. 당장 독도 근해에 자위대 이지스함이 뜨면 우리에게 무슨 대책이 있을까 의문스럽기도 하다. 그렇지만 우리에게 아주 힘이 없는 것은 아니다. 일본은 전범 국가이고 우리는 세계 평화에 이바지해 온 국가이다. 세계인과 세계 여론은 누가 올바른지, 누가 정의를 지키는 것인지 분명히 알 것이다. 그렇다면 우리나라를 위협하는 것은 세계 평화를 위협하는 것으로 인식이 된다. 이런 버르장머리는 세계인들이 고쳐줄 수 있을 것이다.

유감遺憾

지난 주 실시간 검색어에 가장 많이 오르고 가장 화제가 되었던 말은 '유감遺憾'이라는 말이었다. 사전을 찾아보면 '마음에 차지 아니하여 섭섭하거나 불만스럽게 남아 있는 느낌'이라고 되어 있기 때문에 이것이 과연 사과인가에 대해서는 논란이 많다. 빚쟁이처럼 이 말도 '섭섭하고 불만스러운 느낌'이 확장되어서 '섭섭하고 불만스럽게 해 준 것에 대한 느낌'이라는 상반된 의미를 가지게 된 것이다. 이 말은 일상적으로는 잘 쓰지 않는 문어文語적 표현이기 때문에 약간 불명확한 면이 있어서 정치나 외교에서 잘 쓴다. 정치나 외교에서 '죄송하게 생각합니다.'나 '불쾌하게 생각한다.', '강력하게 항의한다.'와 같은 직설적인 표현은 굴욕적인 느낌이나 또 다른 자존심의 충돌을 불러일으키기 때문이다.

사실 지난 남북고위급회담은 서로가 받아들이기 어려운 조건을 가지고 시작을 했었다. 북한은 이번 사태의 발단이 된 목함지뢰 폭발이 자기들의 소행이 아니라고 대내외에 선전을 하고 다녔기 때문에, 목함지뢰 도발에 대해 사과하라는 남한의 요구에 '죄송하다.'고 하는 것은 정권의 자존심을 포기하는 것이다. 남한의 경우 북한이 자신들의 잘못을 사과도 하지 않는데, 대북 확성기 방송을 그만두는 것은 역시 있을 수가 없는 일이었다. 이런 상황에서 나온 남북합의서의 문장들을 보면 첨예한 문제는 그냥 슬쩍 피해가는 묘수를 보여준다.

남북합의서 2항을 보면 "북측은 최근 군사분계선 비무장지대 남측 지역에서 발생한 지뢰 폭발로 남측 군인들이 부상을 당한 것에 대하여 유감을 표명한다."라고 되어 있다. 우리는 주체가 명시된 사과를 원했고 이 문장에는 주체가 명시되어 있지만, 주체의 유감 표명은 '자기들이 한 목침지뢰 도발'이 아니라 '남측 군인들이 부상을 당한 것'이다. 문장을 잘 읽어 보면 목침지뢰 사건은 남측 지역에서 일어난 일이고, 그것은 자신들의 행위와는 상관없다는 느낌을 준다. 마치 '대한민국은 동일본 지진으로 많은 사상자가 난 것에 위로의 뜻을 표합니다.'처럼 느껴진다. 단지 '위로, 애도'와 같은 말 대신 '유감'을 사용했다는 것은 직접적인 책임은 없지만, 자기들의 지뢰가 관리가 잘못되어 남쪽으로 갔고, 그것이 사고를 일으킨 도의적인 책임은 있다는 정도로 인정하는 것이라고 할 수 있다. 그렇기 때문에 남한이 사과를 받았다고 하는 것이나 북한이 자신들의 결백을 인정받았다고 주장하는 것이 모두 성립할 수 있는 표현이다.

그리고 3항을 보면 "남측은 비정상적인 사태가 발생하지 않는 한 군사분계선 일대에서 모든 확성기 방송을 8월 25일 12시부터 중단한다."라고 되어 있는데, 여기서 흥미로운 것은 '비정상적인 사태가 발생하지 않는 한'이라는 단서다. 만약 이 문구가 '남측은'의 앞에 들어간다면, 이 합의문의 전체 주어가 '남과 북 양측'이 되기 때문에, 비정상적인 사태에 대한 판단은 양측이 일치해야 한다. 그렇지만 이 문구가 '남측은' 다음에 들어가기 때문에 비정상적인 사태에 대한 판단은 전적으로 남한에 있다는 것이다. 그리고 문맥상 이번 목함지뢰 도발도 비정상적인 사태에 포함되는 것이기 때문에 결국 이 문구를 재해석하면 "북측이 이번과 같은 비정상적인 행위(우리 마음에 들지 않는 행위)를 한다면 언제든지 대북 확성기 방송을 계속한다."라고 할 수 있다. 어떤 사람들은 2항을 보고 진정한 사과가 아니므로 우리가 손해 본 것이 아니냐고도 하지만 3항은 우리가 얻을 것은 다 얻어낸 조항이라고 할 수 있다.

이번 사태와 관련하여 신문의 사설이나 칼럼들을 보면 전쟁도 불사해야 한다는 논지의 글도 꽤 많았다. 그렇지만 남북한이 전쟁을 하는 것은 전장이 한반도라는 점에서 미국이 이라크나 아프간과 전쟁을 하는 것과는 다르다. 경제 기간 시설들이 자주포 사거리 안에 있다는 것도 상황이 다르다. 승리해도 현재의 북한 꼴이 되고 만다는 점을 생각해 보면 평화를 위한 노력이 담긴 남북합의서는 인정을 받아야 한다.

저녁이 있는
삶과 밥그릇

　고3 담임을 오래 하고 있는데다, 이런저런 문제 출제 때문에 집에 늦게 들어가는 날이 많다. 하루는 모처럼 일찍 집에 갔더니 초등학교 1학년인 막내가 나를 보고 그랬다.

　"아빠, 요즘 바람 피워?"

　그 말을 듣고 어이가 없는 한편으로 얼마나 팍팍하게 살았으며, 얼마나 아이와 대화가 없었으면 그럴까 하는 생각이 들었다. 가만히 생각해 보면 대한민국의 사람들이 다 그런 것 같기도 하다. 아빠들은 아빠들대로, 엄마들은 엄마들대로, 아이들은 아이들대로 모두가 삶이 팍팍하고 힘들다.

　상황이 이렇기 때문에 손학규 민주당 고문이 외쳤던 '저녁이 있는 삶'이라는 구호는 참 가슴에 와 닿는 말이다. 그리고 막말들이 난무하는 우리나라 정치계에서는 보기 힘든 고상하고 품격 있는 말이기도 하다. 그런데 왜 그분은 지역 주민들의 선택을 받지 못하고 낙선했을까? 경기도에 있는 선생님들에게 그 이유를 물어보니 한결같은 대답이 너무 순진했다는 것이다. 대통령 선거에나 어울릴 법한 큰 주제를 국회의원 선거에 들고 나온 것이 그렇고, 사람들의 눈은 '밥그릇'에 있는데, 너무 높은 이상적인 것을 이야기하는 것이 그렇다는 것이다.

어떤 집단들이 이익을 놓고 충돌하는 것에 대해 신문이 보도를 하면서 가장 많이 쓰는 말이 '밥그릇 싸움'이라는 것이다. 밥그릇 싸움이라는 말로 규정되면 이익 싸움을 하는 당사자들은 극심한 이기주의에 빠진 한심한 사람들로 전락을 한다. 공무원에게 '철 밥그릇'이라는 딱지만 붙이면 그들을 마음껏 비난할 수도 있다. 이처럼 우리나라 사람들은 '밥그릇'에 연연하는 것은 매우 천한 것이라는 인상을 가지고 있다.

그러나 막상 그 이익 싸움의 당사자가 되면 '밥그릇'은 생존의 문제이다. 경기도 선생님들의 말처럼 '밥그릇'만큼 중요한 문제가 어디 있는가? 가장들에게 저녁이 없는 이유는 '밥그릇'을 지키기 위한 투쟁 때문이라고 할 수 있다. 우리 아이들에게 저녁이 없는 이유는 더 크고 튼튼한 '밥그릇'을 차지하기 위한 투쟁 때문이라고 할 수 있다.(대학에 학문을 연마하기 위해 간다고 생각하는 사람이 과연 몇이나 될까?) 이런 것에 대해서 우리가 일방적으로 비난하고, '밥그릇'에 집착하지 말라고 할 수는 없다.

'저녁이 있는 삶'과 '밥그릇'의 어감은 천지차이지만 '저녁이 있는 삶'도 따지고 보면 '밥그릇'이 있어야 가능하다. 그러려면 '저녁이 있는 삶'에 대한 고민보다 '밥그릇'을 분배하는 것에 대한 진지한 고민이 있어야 한다. 그리고 선출직, 정무직 공무원들이 일반 국민들과 공무원들에게 '밥그릇'을 내놓으라고 하려면, 적어도 자신들에게 너무 많이 주어진 급여나 연금과 같은 특별한 '밥그릇'은 기꺼이 포기할 수 있는 염치는 있어야 한다.

스승과 멘토

요즘 사회에서 새롭게 등장한 말 중에 가장 많이 쓰이고 있
는 말 중 하나가 '멘토' 라는 것이다. 학교에서도 그냥 상담이
아니라 '멘토 상담' 을 하라고 하고, 유력 정치인들에게는 조
언을 해 주는 '멘토단' 이 있다. 청년들에게 꿈을 가지라는 내
용의 강연을 하는 '청년 멘토' 도 있고, 오디션 프로그램에서
는 심사자가 참가자들을 직접 가르쳐 주는 '멘토 시스템' 을
채택하기도 한다. 대체로 멘토라는 말이 '성장을 도와주는
조언자' 정도의 의미로 쓰이고 있음을 볼 수 있다.

멘토라는 말은 원래 그리스 신화에 나오는 '멘토르' 에서
온 것이다. 호메로스의 《오디세이아》에서 트로이 전쟁에 참
가하게 된 오디세우스는 연장자인 멘토르에게 집안일과 아들
텔레마코스의 교육을 부탁하였고, 멘토르는 이 부탁을 들어
주기 위해 노력하였다. 그리고 오디세우스의 수호신 아테나

는 멘토르의 모습으로 텔레마코스에게 나타나 조언하였다고 한다. 여기에 따르면 멘토는 현명한 스승 혹은 대부代父의 의미를 가지고 있음을 알 수 있다. 옛날 동양의 성인은 자기 자식을 직접 가르치기 어렵다는 것을 알기 때문에 자식의 교육을 친구에게 맡겼고, 카톨릭에서는 자신보다 높은 인격을 가진 사람에게 자식을 양자로 보내 배우도록 하였는데, 이런 것들이 멘토의 의미에 가장 적합한 예라고 할 수 있다.

그런데 강연 한 번 하고 가는 것에도, 인생의 지침이 될 만한 인격을 가지지 않았지만 사람들에게 그럴 듯한 말을 해 주는 사람에게도, 이 말을 쓸 정도로 멘토라는 말이 무분별하게 쓰이는 경향이 있다. 국립국어원에서는 이를 바로 잡기 위해 '조언자', '삶길잡이' 등의 순화어를 제안하였고, 인터넷 투표를 통해 '인생길잡이'라는 순화어를 정해 발표하였다. 그렇지만 이 말이 잘 쓰이지 않고 있는 것은 일단 단어의 길이가 길고, '멘토-멘티'와 같은 조언자와 도움을 받는 사람 간의 밀접한 관계를 표현할 수 있는 말의 짝이 없기 때문이다. 사실 조언을 해 주는 '멘토'와 도움을 받는 '멘티'는 굳이 다른 말을 만들 필요가 없이 그 말에 가장 적합한 말인 '스승'과 '제자'를 사용하면 된다.

하지만 멘토라는 말 대신 스승이라는 말로 바꾸어 쓰는 것도 잘 되지 않는다. 그 이유는 스승이라는 말이 "예전에는 스승의 그림자도 밟지 말라고 하였거늘…"과 같은 곳에 주로 사용되면서 느낌이 너무 무겁고, 존경은 해도 왠지 모를 거리감이 느껴지기 때문이다. 그래서 가까이에서 따뜻하게 조언해 주는 사람이라는 느낌이 적다. 실제 학교에서 교사들은 그림자를 밟히지 않는 사람이 아니라 제자들과 따뜻하게 소통하는 사람을 추구한다. 그러한 변화에 스승이라는 말을 적극적으로 쓰지 않고, 옛날에 집착하다 보니 스승이라는 말은 멘토에 밀려 점점 사라져가는 말이 되어가고 있는 느낌이다.

사자성어

보카치오의 《데카메론》에는 10년 넘게 감옥에 갇힌 죄수들의 이야기가 나온다. 그들은 무료함을 달래기 위해서 돌아가면서 이야기를 하는데, 몇 년이 지나자 다 한 번 이상 들어 본 내용이 되어 버렸다. 이야기하고 있는 중간에 이미 끝을 알고 있으니 듣는 사람도 재미가 없고, 말하는 사람도 듣는 사람들의 반응이 좋지 않으니 신이 나지 않았다. 그래서 그들이 낸 묘안은 이야기에 번호를 붙이는 것이었다. 이를테면 존의 첫사랑 이야기는 1번, 조지가 감옥에 들어오게 된 사연은 2번, 이런 식으로 이때까지 나온 이야기들에 번호를 매겼다. 그렇게 해서 나중에는 누구 한 명이 "21번!" 이러면 모두들 웃기는 내용이었던 21번 이야기를 떠올리고 박장대소를 했다는 것이다.

이 이야기는 말이라는 것이 사람들 간의 약속만 있다면 얼마든지 압축해서 표현하는 것이 가능함을 보여주는 것이다. 이것과 유사한 원리가 작동하는 우리말이 바로 사자성어이다. 새옹지마塞翁之馬라고 말하면 우리 머릿속에서는 변방 노인에 얽힌 이야기와 교훈을 함께 떠올리고 고개를 끄덕하게 되는 것이다. 그런데 사자성어는 한자를 모르거나 그 내용을 미리 학습하지 않으면 의사소통에 장애를 일으킨다. 국어학자들이 일부 계층에서만 쓰는 은어나 인터넷 신조어, 그리고 방언을 쓰지 말라고 하고 표준어를 바른말 고운 말이라고 강조하는 이유는 원활한 의사소통을 위한 것이다. 그렇지만 원활한 의사소통을 위해서 은어는 쓰지 말아야 할 대상이고, 사자성어는 적극적으로 교육을 해야 하는 대상이다. 은어는 교육을 할 가치가 없는 것이지만 사자성어는 우리의 문화와 삶이 녹아 있는, 꼭 알아야 하는 것이기 때문이다.

연말이 되면 교수회에서는 올해의 사자성어를 발표한다. 그런데 한 가지 아쉬운 것은 지금까지 교수회에서 발표한 올해의 사자성어는 일상적으로 사용하는 쉬운 것이 없다. 그런 아쉬움에서 박근혜 정부가 들어서서 1년이 지난 시점에 나름 쉬운 말로 된 올해의 사자성어 후보를 만들어 보았었다.

① 대동소이大同小異 : 지난 5년이나 올해나 크게 다르지는 않음.

② 형설지공螢雪之功 : (극심한 전력난으로) 반딧불과 눈에 비추어보면서 공부해야 하는 상황, 혹은 그렇게 공부하면서 지금이 어느 시대인지 감을 잃은 상황.

③ 쾌도난마快刀亂麻 : 얽힌 일들을 명쾌하게 처리하는 것을 이르는 데 더 많이 사용되지만, 권력자가 자신과 생각이 다른 사람들을 강력한 힘으로 잘라내는 일을 이르는 데도 사용됨.

④ 오비이락烏飛梨落 : 정치적으로 큰 이슈가 있을 때마다 연예인들의 열애설, 도박 사건, 성매매 사건 등이 터져 나오는 상황, 혹은 우연이 겹치면 필연으로 믿게 되는 상황.

사자성어라는 것이 원래 압축적인 것이다 보니 해석은 하나로 고정된 것은 아니다. 그럴 때는 고민할 것 없이 자기가 믿고 싶은 대로 해석하면 된다.

국회의원과
국회의원들

얼마 전 친구들 모임에서 기독교를 믿고 있는 친구가 말했다.

"인터넷에서 '개독'(기독교인을 비하하는 말)이라는 말을 볼 때마다 참 슬퍼. 일부 개독이라고 불릴 만한 사람들이 있는 건 사실이지만, 신앙을 통해 바르게 사는 사람들이 훨씬 더 많은데 말이야."

그러자 기자인 친구도 말했다.

"말 마라. 우린 그냥 늘 '기레기'(기자+쓰레기의 합성어) 소리 듣는다. 진짜 기레기로 불릴 만한 사람들도 극소수 있기는 하지만, 보통은 우리 사회에 올바른 의제를 설정하려고 노력하는데, 사람들은 자기하고 조금만 관점이 안 맞으면 무조건 다 기레기래."

이야기가 돌면서 경찰인 친구는 민중의 지팡이로 자부하고 사는데 '짭새'로 불리는 게 불만이라는 이야기도 했었다. 그들의 집단에는 성실하게, 친절하게, 어려운 사람들을 도와주기 위해 살아가는 것이 정상적인 것이라고 했다. 그렇지만 다른 직업의 친구들은 장난스럽게 '기레기가 극소수라는 건 동의하기 어려운데.', '근데 내 눈에는 민중의 지팡이는 보이지 않고 짭새만 보이지?' 하는 말들을 했다.

악한 사람이 모여 있으면 집단이 악하게 되는 것은 당연한 일이지만, 착한 사람들이 대다수를 이루는 집단이 악한 것처럼 보이기도 하는 것은 일종의 착시 현상이라고 할 수 있다. 묵묵히 성실하게 일하며, 민원인들에게 친절하게 대하는 것은 사람들이 기대하는 경찰의 모습이고, 또 정상적인 경찰의 모습이다. 사회의 악과 부당한 권력의 횡포를 고발하고, 올바른 여론을 환기하는 모습은 정상적인 기자의 모습이다. 이런 모습은 너무나 당연한 것이기 때문에 우리가 공기의 존재를 의식하지 못하듯, 느끼지 못하는 것이다. 그렇지만 그들 중 일부가 비리를 저질렀다든가, 약자에게 강하고 권력에게 약한 모습을 보여주기 위해 사실 관계를 왜곡한다든가 하는 부정적인 일이 생겼을 때 그들의 모습이 확연히 각인이 된다. 또 그런 것이 뉴스거리가 되기 때문에 보통 사람들이 접할 수 있는 모습은 그런 부정적인 이미지가 많게 되는 것이다.

이런 착시 현상의 효과가 가장 큰 집단은 아마도 누리꾼들 사이에서 '국개의원'이라고 불리는 국회의원이 아닐까 싶다. 사실 국회의원 한 분, 한 분의 면면을 보면 모두 훌륭한 사람들이다.(훌륭한 사람이니까 국회의원으로 선출된 것일 게다.) 그런데 그렇게 훌륭한 사람들이 모인 '국회의원들'의 이미지를 보면, 정쟁, 막말, 짜증, 국민에 군림하는, 고집불통 등과 같은 온통 부정적인 이미지들뿐이다. 국회의원들도 대다수는 조용히 열심히 일을 한다. 그렇지만 그렇게 해서는 자신을 알릴 수가 없고, 그러면 다음 선거에서 불리하다고 생각해서인지 일부 문제 있는 국회의원들이 아주 센 발언으로 논란을 일으키고, 그렇게 해서 주목을 받으려고 한다.(사실 국회를 바꾸려면 그런 국회의원을 뽑아 준 사람들을 욕해야 한다.) 국회의원들의 이미지가 그렇다보니 국회의원 수를 늘리자는 의견은 국민 대다수가 공감하지 못하는, 지지율을 깎아 먹는 일이 되고 말았다. 그렇지만 그 안은 국회의원 수를 줄일 경우 권력 독점이 심화된다는 점, 국회의원도 일종의 서비스직으로 대국민 정치 서비스의 양을 늘린다는 차원으로 보면 좋은 아이디어가 될 수도 있다. 옛날 우리 동네 제방 공사를 할 때, 공사 기간 동안 빌려 준 땅이 나중에 국유지로 되는 황당한 일이 있었다. 군청, 등기소에서 어쩔 수 없다는 말만 들었지만, 당시 지역구 국회의원이었던 김현규 씨의 도움으로 우리 동네 사람들은 땅을 찾을 수가 있었다. 국회의원 수를 늘리는 것은 정치인들 사이에서도 시장 경제 논리가 적용되어 국민을 위한 좋은 경쟁을 할 수도 있으므로 마냥 냉소적으로 볼 일은 아니다.

남자 사람
친구

언젠가 일 때문에 전화도 쓸 수 없고, 인터넷도 할 수 없는
그런 곳에 다녀왔었다.(교정 시설이나 정보기관에 잡혀 간 것은 아니
다.) 그곳에서 세상 소식을 접할 수 있는 방법은 오직 신문과
텔레비전밖에 없었는데, 신문과 텔레비전을 통해 정보를 얻
는 방식은 포털 사이트의 실시간 검색어를 보면서 현재 화제
가 되고 있는 것을 찾고, 댓글을 보면서 사람들의 반응도 살
펴보는 바깥에서의 방식과는 많이 차이가 났다. 특히 텔레비
전의 뉴스들은 방송사에서 선정한 내용을, 사건의 맥락에 대
한 설명 없이 나열되는 경우가 많아서 뉴스를 보고 있어도 세
상이 어떻게 돌아가는지 모르겠다는 생각이 들었다. 그때 종
편 채널에서는 강용석 변호사와 도도맘, 장윤정 모녀 이야기
밖에 없나 싶을 정도로 나왔다. 밖에 있으면 열어 보지 않았
을 뉴스였지만 몇 안 되는 채널에서 계속 나오니 강제로 강용

석 변호사와 도도맘에 관련된 뉴스를 볼 수밖에 없었는데, 뉴스를 보면서 나름 흥미를 가지고 보았던 부분은 두 사람의 관계를 설명하기 위해 사용한 '남자(여자) 사람 친구' 라는 말이었다.

'남자(여자) 사람 친구' 란 이성으로서의 감정이 전혀 없는 이성 친구를 표현하는 데 사용되고 있는 새로 생겨난 말이다. 사실 이 말은 '남자' 라는 말에 이미 사람이라는 뜻이 있는데, 굳이 '사람' 이라는 표현을 넣었기 때문에 매우 어색한 표현이다. '남자 친구' 라고 하거나 그냥 '친구' 라고 해도 될 것을 왜 그렇게 잉여적 표현을 많이 넣은 말을 사용하는 것일까? 이런 표현을 사용하는 이유를 추적해 보면 이성 간의 사랑이나 우정에 대한 우리나라 사람들의 인식을 흥미롭게 살펴볼수 있다.

이성 간의 관계를 뜻하는 말로는 '애인' 이나 '남자(여자) 친구' (줄여서 남친 혹은 여친)에 최근에는 '썸남 썸녀' 라는 말도 생겨났다. 이 중 '애인' 은 대체로 공식적으로 인정된 연인이며, 결혼까지도 전제하는 관계이다. 만약 기혼자에게 애인이 있다면 남들이 부를 때나 신문의 사회면에 등장할 때는 '내연남(녀)' 이라는 아주 부도덕해 보이는 명칭이 된다. '남자(여자) 친구' 는 애인보다는 정도가 약하지만 역시 공인된 연인이며, '친구' 이상의 관계를 나타낼 때 사용된다. 그렇기 때문에 기혼자에게는 '남자(여자) 친구' 역시 '내연남(녀)'가 된다. 공식적으로 인정하지는 않았지만 서로 이성적으로 좋아하는 감정을 가지고 있는 경우에는 '썸남 썸녀'라고 하는데, 만약 기혼자들이 이런 관계에 있다면 '잠재적 내연 관계'라고 할 수 있다. 결론적으로 말하면 우리나라에서는 배우자 이외의 다른 이성에게 사랑을 느끼는 것은 내연 관계(불륜)가 된다. 사랑이라는 감정은 누구에게나 일어날 수 있는 자연스러운 감정이지만, 사회적인 인식이 이렇다 보니 의심을 사지 않기 위해 자연히 꼭꼭 숨겨야 할 때가 있다. 아니면 진짜 친구처럼 편하게 술 마시고, 같이 수다 떨고 하는 편한 사이인데, 사회의 인식 때문에 오해를 사지 않도록 해야 할 때도 있다. 이럴 때 의도적으로 아무런 느낌이 없는 '사람'이라는 말을 넣어서 관계에 선을 긋는 표현이 바로 '남자(여자) 사람 친구'이다.(이런 점들을 보면 우리나라는 무척이나 청교도적인 국가라고 할 수 있다.)

그런데 한 가지 남는 의문은 그냥 순수한 우정이라면 이성 간에도 그냥 '친구'라고 할 수도 있는데, 그 말은 대부분 동성 간에만 사용한다는 점이다. 이것은 우리나라 사람들에게는 이성 간에는 우정이 성립할 수 없다는 인식이 자리 잡고 있기 때문이라고 할 수 있는데, '친구'와 '남자 친구'의 의미가 크게 차이가 나는 이유도 그 때문이라고 할 수 있다.

서울 마포에 가면 '마포갈비' 집들이 있는데, 똑같은 집들이 많다 보니 어떤 집에는 '진짜 원조 마포갈비' 라는 간판을 단 곳도 있다. 맛 좋은 갈비를 판다는 본질적인 것은 생각하지 않기 때문에 말은 길어졌지만 진짜 원조인지 의심은 여전하다. '남자 사람 친구' 라는 말도 우리나라 사람들의 인식이 그대로 유지된다면, 쓸데없이 길지만 찜찜한 말로 계속 남을지도 모른다.

선생

　연암 박지원의 소설 〈허생전〉은 읽으면 읽을수록 생각할 만한 부분이 많은 소설이다. 그래서 학교에서 통합 논술 수업을 하는 데도 아주 적합한 소설이다. 앞부분에서 매점매석으로 돈을 버는 내용은 경제 교과와 통합해서 수업할 수 있고, 뒷부분에서 허구적인 북벌론자인 이완 장군을 꾸짖는 내용은 역사 교과와 통합해서 수업할 수 있는 풍부한 소재를 제공한다.

　그런데 나는 개인적으로 허생전에서 제일 주목을 하는 부분은 허생이 자신이 만든 이상적인 사회를 떠나면서 하는 말이다.

　　"내가 처음에 너희들과 이 섬에 들어올 때엔 먼저 부富하게 한 연후에 따로 문자를 만들고 의관衣冠을 새로 제정하려 하였더니

라. 그런데 땅이 좁고 덕이 없으니, 나는 이제 여기를 떠나련다. 다만, 아이들을 낳거들랑 오른손에 숟가락을 쥐고, 하루라도 먼저 난 사람이 먼저 먹도록 양보케 하여라."

그러면서 허생은 배를 모조리 없애고, 글 아는 사람은 장래의 화근이라고 말하며 섬에서 데리고 나온다. 문자도 법률도 없는 사회에서 허생이 꼭 필요한 것으로 생각한 것이 오른손으로 밥을 먹는 것이고, 먼저 태어난 사람에게 양보하는 것이다.

서로 아끼고 사랑하라, 착하게 살아라, 이타적인 삶을 살아라와 같은 추상적이면서 모든 사람들이 동의할 수 있는 좋은 말들도 있고, 세금은 얼마를 내고, 자치 기구는 어떻게 구성한다는 등 구체적인 사회 운영의 방법을 제시할 수도 있었는데, 왜 하필 하고많은 일 중에서 오른손으로 밥 먹고, 먼저 태어난 사람이 먼저 먹도록 했을까?

이것에 대한 답은 식당에서 여럿이 밥을 먹을 때 확인할 때가 있다. 좁은 자리에서 밥을 먹을 때 왼손잡이가 옆에 있으면 가끔 팔끼리 부딪치기도 하는데, 이때 허생의 뜻을 생각해 볼 수 있다. 그리고 음식이 일부만 나왔을 때, 사람들은 안쪽에 있는 사람부터 주거나 연장자부터 먼저 주게 된다. 만약 그런 암묵적인 규칙이 없다면 혼란이 생기고, 아무것도 아닌 일에 서로 마음이 상하는 일이 생기게 된다. 결국 허생이 이야기한 것은 사람들 간의 충돌을 방지하고, 사회의 지속적인 유지를 위해 해야 할 가장 기본적인 규칙을 이야기한 것이라고 할 수 있다.

여기서 또 한 가지 생각해 볼 점은 원시적인 인간 사회에서 먼저 태어났다는 것[先生]이 가지고 있는 의미이다. 원시 사회에서 먼저 태어난 사람은 나중에 태어난 사람[後生]이 따르고 본받음으로써 사회의 일원이 될 수 있도록 하는 존재이다. 그런 점에서 본다면 허생이 하루라도 먼저 태어난 사람이 먼저 먹도록 한 것은 먼저 태어난 사람에게 특권을 부여한 것에 참뜻이 있는 것은 아닐 것이다. 먼저 태어난 사람들은 나중에 태어난 사람을 이끌고 본보기가 되어야 한다. 그래서 나중에 태어난 사람의 양보를 받을 만큼의 역할을 해야 한다는 말이 생략되어 있다고 볼 수 있다. 인간 사회는 동물 사회와 달리 환경의 변화를 극복하면서 진보를 이루어가야 하기 때문에 먼저 태어난 사람은 진보의 최전선에 서 있으면서 나중에 태어난 사람을 이끌어야 하는 막중한 책임을 가지고 있었기 때문에 더더욱 그런 것이다.

현재는 인구가 많아지고, 사회 구조가 원시 시대와 달리 복잡해지고, 먹고사는 것만이 최선이 아닌 시대가 되었다. 먼저 태어났다고 해서 본받고, 따르고, 그래서 우대를 해 주어야 할 존재는 아닌 시대가 되었다. 그렇지만 인간 사회의 가장 기본적인, 최초의 규범은 '선생님'이라는 말에 그 흔적이 남아 있다. 스승의 날이 직업으로서의 '선생'뿐만 아니라 사회 진보를 이끌며 후생들의 모범이 되는 세상의 모든 선생들을 위한 날이 될 수 있기를 기원해 본다.

성인들은 정말
반말을 했을까?

우리말에서 높임법이 잘 발달되어 있다는 것은 누구나 다 아는 사실이다. 그러다 보니 싸움이 났을 때의 흔한 상황, "너 몇 살이야?/ 왜 반말하십니까?"와 같은 상황을 외국어로 번역을 하면 정확한 상황이 잘 전달되지 않는다. 외국어를 번역할 때도 마찬가지인데, 남자가 처음 보는 여자에게 "You are so beautiful"이라고 한 말을 "너 참 아름답구나!"라고 번역을 하면 뜻은 맞을지 몰라도 우리나라에서는 따귀 맞을 일이 된다.

이런 점을 생각해 보면 한 가지 의문이 든다. 경전을 보면 부처님이나 예수님과 같은 성인들은 제자들에게 늘 반말을 한다. 심지어 군중들 앞에서도 "너희들은 잘 듣거라", "너희 중 죄 없는 자 돌을 던져라"와 같이 반말을 한다. 항상 온유하면서 세상의 가장 낮은 곳으로 임했던 성인들이 사람들에게 실제로 그렇게 말했을 것 같지는 않은, 지나치게 권위적이고 고압적인 말이다.

예전에 성서학자가 이런 점들을 바로잡아 새롭게 성서를 번역하는 작업을 하기도 했지만, 사람들은 성인들이 하는 반말에 크게 신경을 쓰지 않는다. 그 이유는 경전을 우리말로 번역한 사람들이 성인들에 대한 존경의 마음을 가지고 있기 때문에 좀 더 높은 위치에 두기 위해 그렇게 존대를 하지 않는 번역을 하였을 것이고, 경전을 대하는 사람들 역시 같은 마음이었기 때문에 번역된 말에 아무런 거부감이 없었을 것이다.

대학 시절 문학평론가인 김윤식 교수는 수업시간에 가끔씩 "붕어빵에는 붕어가 없어!" 이런 썰렁한 농담을 하셨다. 보통 사람이 했으면 그냥 썰렁한 농담이었을 것 같은데 국문학계의 대가가 하는 말이라 뭔가 굉장한 의미가 있는 것처럼 느껴졌다. 이처럼 말이라는 것은 그 말을 하는 사람과 함께하는 것이다. 그래서 결점이 많은 일반인이 하는 말에는 비판의 눈초리를 먼저 보내지만, 성인이 하는 말은 언제나 받아들이며, 반말을 하는 것도 깊은 이유가 있었을 것이라고 생각한다.

그런데 재미있는 것은 세상에는 성인은 아니지만 성인처럼 아무런 비판도 받지 않으며 자유롭게 반말을 할 수 있는 사람이 있다는 것이다. 어릴 적 시골 동네 어디든 바보 하나쯤은 있었는데, 그들은 어른한테도 "할배 어데 가여?" 이렇게 반말을 쓴다. 떠돌이 개장수도 "개~ 팔아라~, 고~양이도 산다~"와 같이 독특한 가락으로 동네에 외치고 다녔다. 그렇지만 동네 어른들 누구도 그 말에 불쾌해하지는 않았다. 왜냐하면, 아무것도 잃을 것이 없는 동네 바보나 개장수라면 그럴 만하다고 생각했기 때문이다. 성인과 동네 바보가 가진 것, 사람들이 대하는 마음가짐은 다르겠지만, 반말을 할 만하다고 인정하는 데는 공통점이 있는 것 같다.

공무도하가와
동북공정

영화 〈님아, 그 강을 건너지 마오〉가 인기를 끌면서 영화 제목으로 사용된 〈공무도하가公無渡河歌〉에 대한 관심도 많아진 편이다. 〈공무도하가〉는 현재 남아 있는 우리 노래 중 가장 오래된 것이기 때문에 우리 역사의 오래됨을 증명할 수 있는 증거이다. 그렇지만 〈공무도하가〉의 "님아 그 물을 건너지 마오./ 끝내 그 물을 건너셨구려./ 강물에 휩쓸려 돌아가시니,/ 우리 님 어이할꼬"라는 가사는 "公無渡河 公竟渡河 墮河而死 將奈公何"를 번역한 것일 뿐이다. 그리고 처음 채록된 한나라 때의 《금조琴操》나 배경설화가 기록되어 있는 진나라 때의 《고금주古今注》, 그리고 우리가 알고 있는 가사가 확정되어 수록된 송나라 때의 《악부시집樂府詩集》, 명나라 때의 《고시기古詩紀》와 같은 책들이 모두 중국의 문헌이다. 역사학계와 국문학계에서는 이 작품의 국적에 대한 논쟁이 있었는데, 중국의 동북공정과 맞물리면서 더욱 민감한 문제가 되고 있다.

우리나라 사람들이 〈공무도하가〉에 대해 알고 있는 지식은 짧은 편이다. 현재 우리는 고대의 노래로 〈공무도하가〉와 더불어 《삼국사기》에 나오는 유리왕의 〈황조가〉, 《삼국유사》 가락국 건국신화에 나오는 〈해가〉가 있다고 배우고 있다. 우리 역사서에 나와 있지 않은 공무도하가가 우리의 역사, 우리의 노래로 인정받는 데 가장 큰 노력을 한 사람은 《해동역사海東繹史》를 지은 조선 후기 실학자인 한치윤이다.(한치윤은 기자箕子가 쓴 〈맥수가麥秀歌〉도 고조선의 노래로 기록하고 있다.)

《해동역사》의 기록을 보면 다음과 같다.

공후인引 : 〈공후인〉은 조선진의 진졸津卒 곽리자고의 처 여옥이 지은 것이다. 곽리자고가 새벽에 일어나서 배를 저어서 빨래를 하고 있는데, 어떤 백수광부白首狂夫가 머리를 풀어헤치고 술병을 든 채 물결을 헤치면서 강을 건너갔다. 그러자 그의 아내가 뒤따라가서는 건너지 말라고 하였으나, 막지 못하여 마침내 백수광부가 강물에 빠져 죽고 말았다. 이에 그의 아내가 공후를 가져다가 타면서 〈공무도하가〉를 불렀다. 그 소리가 몹시 처량하였는데, 노래를 마치고는 스스로 강물에 몸을 던져 죽었다. 곽리자고가 집으로 돌아와서는 그 소리를 아내인 여옥에게 말해 주자, 여옥이 상심해 하면서 이어 공후를 가져다가 그 소리를 그대로 불렀는데, 듣는 자들이 모두 눈물을 흘리면서 흐느껴 울었다. 여옥이 그 소리를 인근에 사는 여용에게 전하였으며, 곡의 이름을 〈공후인〉이라 하였다.《(고금주) 인용》 살펴보건대, 조선은 바로 한나라 때 낙랑군의 조선현이다. 여옥이 지은 공후인은 《고시기》에 그 가사가 실려 있는데, 역시 '공무도하'라고 하였다. 또 《금조》 9인(引)에 공후인이 있는데, 모두 여옥에게서 나온 것이다.

〈공무도하가〉 가사는 백수광부의 처가 부른 것을 곽리자고가 여옥에게 전해주었다는 것이 분명하다. 그리고 〈공후인〉이라는 악곡은 여옥이 '그 소리를 그대로 불렀다'는 대목 때문에 백수광부의 처가 노래한 것이라고 생각할 수도 있지만, 처음과 마지막에서 여옥이 지은 것이라고 확정해서 이야기를 하고 있다는 점을 생각하면 악곡은 여옥의 창작이라고 보는 것이 옳을 것이다. 결국 〈공무도하가〉가 세상 사람들에게 알려진 것은 〈공후인〉이라는 악곡의 형태인데, 그 악곡의 작사자는 백수광부의 처이고, 작곡자는 여옥이라고 할 수 있다. 그리고 남편에 대한 지극한 사랑과 죽음을 바라보는 슬픔이 사람들을 감동시키면서 중국에까지 퍼져 나간 것이라고 볼 수 있다.

〈공무도하가〉의 소유권(?)을 중국이 사료를 근거로 강력하게 주장하면 우리는 밀릴 수도 있다. 그렇지만 〈공무도하가〉를 조선 사람이 지었다는 것은 분명한 데다, 우리가 더 많이 알고, 사랑하고, 즐긴다면 누가 그것을 우리나라의 노래가 아니라고 시비를 걸 수 있겠는가?

약속

러시아의 교육학자인 비고츠키는 인류 역사상 가장 위대한 발명이 숫자를 세면서 손가락을 꼽는 것이라고 했다. 전기나 증기기관, 반도체 같은 위대한 발명품들이 많은데 왜 하필 그것을 가장 위대하다고 했을까? 비고츠키의 설명은 이렇다. 숫자를 세면서 손가락을 꼽기 시작했다는 것은 기억을 보조해 줄 장치의 필요성에 눈을 뜨기 시작했다는 것을 의미한다. 다른 동물들도 자기들끼리의 의사소통 수단이 있지만, 그것들은 본능이나 기억력에 의존을 하는 것이기 때문에 수천 년이 지나도 발전이 없고, 늘 살던 방식으로만 살아간다. 그러나 기억의 보조 장치에 눈을 뜬 인간은 손가락 외에 여러 기호를 만들어 사용하였는데, 그 기호 중 가장 대표적인 것이 문자이다. 인간은 죽어서도 문자를 통해 지식을 후대에 남길 수 있게 되었고, 그런 방식으로 지식을 축적함으로써 다른 동물과 달리 엄청난 진보를 할 수 있었다는 것이다. 이 설명을 들으면 문자 언어의 핵심을 꿰뚫어 보고 그것을 재미있게 표현한 비고츠키의 말에 절로 고개가 끄덕여진다.

나는 개인적으로 비고츠키가 말한 것보다 더 위대한 발명이 있다고 생각을 하는데, 그것은 바로 '약속'이라는 것이다. 약속이라는 것은 문자가 생기기 전에도 인간 사이에서 존재했다. 만약 쌀을 지어 만든 음식을 어떤 사람은 '밥'이라고 하고 다른 사람은 '술'이라고 한다면 두 사람 사이에 의사소통은 이루어질 수 없다. 그 음식을 '밥'이라고 불러야 할 이유는 없지만 '밥'이라고 하자는 약속을 함으로써 두 사람은 원활하게 서로 생각을 주고받을 수 있게 된다.(이것이 바로 '언어의 사회성'이다.) 말에서 이루어진 이 약속은 법률, 제도 등으로 확장되면서 인간 사회는 보이지 않는 수많은 약속을 통해 확장되고, 발전해 간다고 할 수 있다.

'약속'이라는 것이 얼마나 편리하면서도 중요한 것인지를 단적으로 보여주는 것은 현대의 경제 시스템이라고 할 수 있다. 5만 원 지폐의 원가(실질 가치)는 120원 정도로 500원 동전보다 못하지만, 500원 동전 100개와 교환할 수 있는 것으로 인정을 한다. 약속이 있기 때문이다. 이 약속 때문에 사람들은 물건을 사기 위해 금덩어리나 쌀을 들고 다니며 물물교환을 하지 않아도 되는 것이다. 은행 전산망에 몇 줄의 데이터로 남아 있는 예금을 실물 자산과 똑같이 취급을 하는 것은 은행과의 약속이 있고, 그 약속을 신뢰하기 때문이다. 내가 통장에 10억을 적는다 하더라도 그것이 10억의 가치를 가지지 못하는 이유는 남들이 '밥'이라고 말하는 것을 나 혼자 '술'이라고 말하는 것과 같은 것이다.

중독

한때는 '알코올, 마약, 도박, 게임'을 4대 중독 물질로 규정한 적이 있었다. 미래산업의 하나로 각광받고 있는 게임이 알코올, 마약, 도박과 같은 부류로 취급되면서 많은 문제를 노출했기 때문이다.

'4대 중독 물질'과 같이 여러 개의 대상을 하나로 묶어서 테두리를 짓는 것을 분류라고 한다. 분류가 성립되기 위해서는 테두리 안에 있는 것끼리는 강력한 결속력이나 공통성이 있어야 하고, 테두리 밖에 있는 것과는 차별성이 있어야 한다. 예를 들어 '대기업'이라는 테두리로 묶을 때, 매출이나 종업원 수 등을 기준으로 나누면 대기업 꼴찌나 중소기업 1등이나 큰 차이는 없다. 그러나 대기업이라는 범주에 들어가면 중소기업과는 사회적 인식이나 의무가 크게 달라지고, 대기업끼리의 동류의식이 있기 때문에 이러한 분류는 의미가 있는 것이다. 결국 게임을 4대 중독 물질로 지정했다는 것은 게임이 알코올, 마약, 도박과 공통성이 많고, 흔히 중독성이 있는 것으로 이야기되는 담배, 커피, 주식, 인터넷, 스마트폰, 성형 등과는 차별성이 있다고 본 것이라고 할 수 있다.

그런데 마약이나 도박은 그 폐해가 너무나 심각하기 때문에 법적으로 아예 할 수 없는 것이다. 술과 담배는 국민 건강에 저해가 되는 것이지만 막대한 세금의 원천이기 때문에 게임과는 분명히 다르다. 이렇게 서로 다른 것을 그냥 중독성이 있다는 것으로 묶어 놓으면 4대 중독 물질이라는 테두리 자체가 무의미해진다. 마치 세계 3대 스포츠 축제라고 대구에서는 세계육상선수권을, 평창에서는 동계올림픽을, 전남에서는 F1이라고 이야기했던 것과 같다. 올림픽, 월드컵이라는 1, 2등과 너무나 차이가 크고 4, 5등과는 차이가 별로 없기 때문에 3대 스포츠 축제라는 분류는 의미가 없는 것이다.

분류가 엄격하지 않으면 사람들의 생각에 따라서는 게임이 있는 자리에 너무나 다양한 것들이 들어올 수 있다. 마트에서 거지 같은 표정으로 레고 코너를 떠날 줄 모르는 아들을 보면 게임보다 레고 규제가 시급하다는 생각을 한다. 집에 와서 컴퓨터 4분할 화면으로 야구 중계만 보고, 주말엔 사회인 야구 한다고 나가며, 월요일에는 금단 증세를 보이는 나를 보면 아내는 야구를 규제해야 한다고 생각한다.

드라마 〈주군의 태양〉을 보며 '꺼져'라는 대사에도 열광하는 아내를 보면 나는 배우 소지섭 씨의 출연을 규제하거나 그가 나오는 드라마에 경고 문구를 삽입해야 한다는 생각을 한다. 남자 아이돌에 열광하고 아이돌 관련 정보를 수집하는 데 열중인 딸을 보고 있노라면(걸그룹을 제외한) 가수들은 노래 실력순으로 데뷔해야 한다는 법을 만들고 싶을 정도이다. 물론 이 모든 것들이 어처구니없는 것들이다. 그렇지만 담배를 빼고 게임을 넣어서 '4대 중독 물질'이라는 분류를 한 발상도 이와 크게 다르지는 않다.

제2부

삼천포에 빠지다

삼천포에
빠지다

둘째 아이가 다니는 초등학교에서는 부모님 직장 체험 학습이라는 것을 했다. 부모님 직장에서 부모님 일하시는 모습을 보고, 부모님께 감사하는 마음을 가지도록 하고, 참된 진로 교육을 한다는 취지의 프로그램이었다. 예전에 나도 기획 업무를 맡았을 때, 학부모 참여 프로그램들을 많이 만들어서 학교 교육 우수 사례로 발표도 하고 했었는데, 막상 학부모가 되어 보니 참 몹쓸 짓을 많이 했다고 반성하면서 아이와 함께 학교로 출근을 했다.

학교에 데려다 놓자 아이는 신나게 학교 여기저기를 돌아다녔다. 과학실에 가서 개구리 해부 모형 가지고 놀고, 남아공에서 온 원어민 선생하고 자기가 알고 있는 모든 영어를 동원하여 이야기를 했다. 우리 학교 총각 선생님하고 자기 담임 선생님 사이에 사랑의 메신저가 되겠다고 자처하며 총각 선생님하고 찍은 사진을 바로 자기 반 홈페이지에 올리기도 했다. 집에 와서 아이한테 오늘 제일 기억에 남는 게 뭐냐고 물었더니 아이는 "음, 선생님들한테서 용돈 받은 거!"라고 답했다. 다른 건 기억나는 게 없냐고 물었더니, "개구리 해부 한 거. 총각 선생님이랑 4D 프레임 만든 거, 형아들이랑 공놀이 한 거…." 계속 이야기가 나왔지만 '부모님께 감사하는 마음'이나 '참된 진로 교육'과 연관시킬 만한 내용은 없었다. 그렇지만 나는 "녀석, 진정한 재미를 아는구나."하고 웃으며, 이런 기회를 만들어준 아이 학교에 감사했다.

　일이 계획한 대로 진행되지 않거나 목적한 것과 다르게 엉뚱한 길로 빠지는 것을 흔히 '삼천포로 빠진다.'고 한다. 왜 하필 삼천포냐에 대해서, 진주로 가야 하는데 차를 잘못 타 삼천포로 가는 경우가 많아서 그런 말이 생겼다고 설명하기도 하고, 열심히 일 잘 하던 사람이 삼천포에 가서는 거기의 자연에 매료되어 천하태평이 되어서 돌아온다고 해서 그렇다고 하기도 한다. 대부분의 어원 풀이가 그렇듯이 믿거나 말거나인데, 표준국어대사전에서는 앞의 것을 정설로 인정을 하고 있다. 그래서 삼천포 사람들은 '삼천포로 빠진다.'는 말이 부정적인 의미를 가지고 있다고 싫어한다고 한다.

　그러나 일이 계획한 대로만 진행되고, 목표한 것에 착실히 가기만 하는 것이 좋은 것이고, 엉뚱한 방향으로 빠지는 게 나쁜 것이라고 단정하기는 어렵다. 박민규의 소설《삼미슈퍼스타즈 마지막 팬클럽》에서는 계획대로, 목표를 이루며 살아온 주인공이 실은 매우 무미건조한 삶을 살았다는 것을 깨닫고, 실직을 계기로 삼천포로 빠져 보는 내용이 나온다. 그래서 얻은 깨달음이 진정한 삶의 재미는 삼천포에 있다는 것이다. 우리 아이도 목적대로 직업의 세계를 탐구하고, 부모님이 일하는 것이 얼마나 힘든지만 보려고 했다면, 그날 하루 아이가 누렸던 재미있는 모든 것들은 얻지 못했을 수도 있다. 원래 목적지로 가는 것도 좋지만 아름다운 바다와 시인 박재삼이 있는 곳, 삼천포에 푹 빠져 보는 것도 좋을 것이다.

건달과
간달프

신라의 향가 〈혜성가〉에는

옛날 동해가에
건달바乾達婆가 놀던 성을 바라보고
'왜군이 왔다'고
봉화를 든 일이 있었다.

라는 구절이 있다. 여기에 나오는 '건달바'는 산스크리트
어 간다르파Gandarva를 한자로 음역한 것으로 인도 신화에서
다양한 모습으로 나오는 신을 칭한다. 건달바는 향기만 맡으
면서 허공을 날아다니며 음악을 연주하고 살았으며, 어떤 것
에도 구애되지 않고 자유롭게 살았기 때문에 그리스 신화의
디오니소스와 비슷한 신이다. 인도의 조각 중에는 건달바를

사자탈을 쓴 형태로 그린 작품들도 있는데, 이는 헤라클레스의 모습과 유사해서 그 연관성을 찾기도 한다.

건달바는 이후 불교에 수용되면서 불법을 지키는 신인 천룡팔부의 하나가 된다. 조선시대 때 불경을 번역한 책인 석보상절에는

"팔부는 여덟 부류이니 천과 용과 야차와 건달바와 아수라와 가루라와 긴나라와 마후라가이니… 건달바는 향내를 맡는다 하는 뜻이니, 하늘 음악을 하는 신령인데, 하늘에 있어 음악하려 할 때면 이 신령이 향내 맡고 올라가느니라."

라는 구절이 나온다. 불교가 우리나라에 들어오면서 건달바는 사람들에게 음악을 전문으로 하는 신이나 신선과 같은 모습으로 인식되었을 것이라는 것은 충분히 생각해 볼 수 있다.

그런데 흥미로운 점은 인도나 우리나라나 건달바를 사람들의 별명으로 쓰기 시작했다는 점이다.(이는 건달바가 사람들과 가깝고 친근한 신으로 인식되었음을 말해주는 것이다.) 인도의 경우 생업에 종사하지 않고 음악만 연주하며 사는 악사樂士나 배우들을 건달바라고 불렀다. 그런데 우리나라에서는 '생업은 없으며 도대체 하는 일이 무엇인지도 모르겠지만, 잘 놀고 다니는 사람들'을 건달바라고 부르기 시작했고 이것이 '건달'이 되었

다.(이렇게 보면 요즘 방송에서는 건달바들을 참 많이 볼 수 있다.) 어떻게 보면 부정적일 수 있는 사람들에게 찬사가 될 수 있는 별명을 붙일 수 있다는 것에서 옛날 사람들의 정신적 여유를 엿볼 수 있는 부분이다. 그러다가 점점 '난봉이나 부리고 다니는 불량한 사람'을 칭하게 되고, 요즘에는 아예 조직 폭력배를 건달이라고도 한다. 예전의 건달이라는 불리던 사람, 그들에게 건달이라고 이름을 붙이던 사람들의 여유가 사라진 것이다.

건달바의 원래 말인 간다르파를 들으면 떠오르는 이름이 하나 있다. 바로 영화 〈반지의 제왕〉에 나오는 멋진 마법사 '간달프'이다. 간달프가 북유럽 신화에서 따온 이름이니 간다르파와는 그냥 우연히 비슷한 것이라고 생각할 수도 있다. 그러나 고대 인도어가 유럽어와 공통점이 많아 같은 어족語族으로 분류된다는 것을 생각하면, 건달과 간달프가 같은 근원을 가지고 있다고 생각할 근거는 충분하다. 영화 〈친구〉를 패러디해서 "느그 아부지 뭐 하시노?" "간달픕니더."라고 말하던 코미디가 아주 근거 없는 것은 아니다.

알아야 면장

아는 것이 전혀 없어서 답답하게 하는 사람에게 흔히 하는 말이 '알아야 면장이라도 한다' 는 것이다. 그냥 보면 '면장面長' 이라는 자리가 지식이 있어야 할 수 있는 자리인 것 같지만 '~이라도' 라는 조사의 의미를 생각하면 면장 자리는 조금의 지식만이라도 있으면 할 수 있는 그런 자리라는 의미를 가지게 된다. 그런데 어릴 적 동산국민학교에서 운동회를 하는 날이면 으레 도개면장은 양복을 입고 내빈석 천막 아래서 금테가 있는 모자를 쓰고 앉아 있었다. 그때 보았던 면장이라는 자리는 아무나 할 수 있는 것이 아닌, 아주 높은 자리였던 것 같은데 왜 사람들은 면장을 왜 그렇게 표현했을까 하는 것은 의문이었다.

그런 의문에 하나의 답이 될 수 있는 설명은 '알아야 면장' 에서 '면장' 이 '면의 행정을 맡아보는 으뜸 자리' 를 뜻하는 것이 아니라, 논어에 나오는 면면장兎面牆에서 비롯되었다는 것이다. 이 말은 담장을 마주 대하고 있는 것과 같은 답답하고 불편한 상황에서 벗어난다는 의미인데, 이에 의하면 '알아야 면장' 이라는 말은 사람이 지식이 있어야 답답한 상황을 면한다 정도의 의미를 가진 것으로 파악할 수 있다. 이것을 오늘날의 가장 근접한 표현으로 바꾸자면(고스톱에서 패를 내는 전략들을) '알아야 면피박이라도 한다.' 정도가 될 수 있을 것이다. 그런데 '알아야 면장' 이라는 속담이 사용되는 문맥을 보면 어떤 지위든 그 일을 하려면 그것에 관련된 학식이나 실력을 갖추고 있어야 한다는 것을 강조하는데 조금 더 많이 사용된다. 이것은 속담에 사용된 한자가 우리가 잘 쓰지 않는 것이다 보니, 발음은 같고 익숙한 단어인 면장面長을 의식하게 되면서 미세하나마 의미가 바뀌었다고 보는 것이 좋을 것이다.

　이와 비슷한 예로는 사람의 욕심이 끝이 없다는 뜻으로 사용하는 '말 타면 경마 잡히고 싶다' 는 속담이 있다. 여기에 사용된 '경마' 는 흔히 말들의 경주를 뜻하는 '경마競馬' 로 생각하기 쉽다. 경마 잡힌다는 말이 어색하기는 하지만 그냥 대충 쓴다. 그러나 실제 '경마' 는 말 고삐를 끌다는 뜻의 '견마牽馬' 가 변한 형태이다. '견마를 잡힌다' 는 것은 고삐를 다른 사람이 잡게 한다는 의미를 가지고 있다. 그러니까 말만 있으면 참 편하게 길을 갈 수 있을 텐데 하며 말 하나 장만하기를 간절하게 원하던 사람이 막상 말을 가지게 되면 말을 끄는 하인을 두고 싶다는 욕심을 가지게 된다는 것이다. 오늘날로 치면 차 장만하면 운전기사 쓰고 싶다는 것쯤으로 이해하면 될 것 같다.

면장兎牆이나 견마牽馬와 같은 경우 한자어는 시대의 흐름에 따라 더 이상 사용되지 않지만, 두 단어 이상이 결합하여 특정한 의미를 표현하는 관용적 표현에서는 남아 있으면서 비슷한 다른 말로 옮겨간 특수한 예라고 할 수 있다. 그렇지만 예나 지금이나 면장 자리는 '~이라도' 하는 자리가 아니라 '알아야' 할 수 있는 자리이다.

영계와
마누라

　날이 더워지면서 사람들이 가장 많이 찾는 음식 중 하나가 영계백숙이다. 여기서 영계라는 말이 어디서 온 것인지를 물어보면 대부분의 사람들은 'young+계鷄'가 아니냐고 반문을 한다. 그렇지만 우리말을 잘 아는 사람들은 영계가 어리고 살이 부드러운 닭을 뜻하는 '연계軟鷄'에서 온 것이며, 반의어는 너무 늙어서 고기가 질기고 맛이 없는 폐계廢鷄라고 이야기를 한다. 영계가 '연계'에서 온 말이라는 것이 꽤 설득력이 있어 보이지만, 연계를 왜 영계라고 하게 되었는지를 생각해 보면 사람들이 일반적으로 생각하는 것이 아예 틀렸다고도 보기 어렵다. 왜냐하면 현재 '영계'라는 말은 병아리보다 좀 더 큰 닭을 의미하는 것보다 비교적 나이가 어린 이성異性 사람을 속되게 이르는 데 더 많이 사용하기 때문이다. 나이 어린 이성을 '영계'라고 부른 것은 우리나라에서 생겼다기보다는 영어와의 교류로 인해 생긴 것으로 보인다. 영어에서 어린 닭을 뜻하는 chicken은 속어로 성적 매력이 있는 어린 여자를 가리키는데, 현재 속된 말로 이르는 영계와 거의 의미가 일치한다. 그래서 추리를 해 볼 수 있는 것이 영어를 접한 사람들이 어린 닭을 뜻하는 '연계'를 'young鷄'로 표현해도 크게 의미 차이가 나지 않으니까 그냥 더 발음하기 쉽게 영계라고 쓴 것이 널리 퍼진 것이 아닌가 하는 것이다.

속되게 쓰는 말은 이처럼 어원이 정확하지 않기 때문에 사람들은 비슷한 말을 가져다 붙여서 그럴듯하게 이야기를 만들어 내기도 하는데 이를 '민간 어원'이라고 한다. 우리말의 '마누라'는 가장 많은 민간 어원을 가지고 있는 말 중 하나다. 대부분 민간에서 웃자고 하는 이야기들인데, 음이 비슷한 단어는 다 끌어들인다. 마늘이 정력에 좋다는 것에 착안하여, '마늘아'라고 암호처럼 은근하게 부르던 것이 마누라가 되었다고 하기도 하고, (남편하고 겸상을 못하고) 마루에서 밥 먹는다고 해서 '마루'가 '마누'가 되었다고 하기도 한다. 줄임말들도 이용하는데, '마주 누워'에서 온 것이라고도 하고, 경상도 사나이가 아내보고 "마, 누우라."라고 한 데서 왔다고 하는 것은 조금은 어이가 없지만 말을 만들어 낸 사람이 기발하다는 생각이 든다.

마누라의 가장 그럴듯한 어원은 중세 궁중에서 쓰던 '마노

117

라'에서 왔다는 것이다. 마노라는 왕이나 왕비, 세자처럼 아주 높은 사람 뒤에 붙이던 존칭어였는데 음이 '마누라'로 변화했다.

> 큰나큰 기운 집의 마누라 혼자 안자
>
> 명령을 뉘 드르며 논의를 눌라 흘고
>
> …
>
> 헴업는 종의 일은 못도 아니 흐려니와
>
> 도로혀 혜여흐니 마누라 타시로다

이것은 오리 선생으로 유명한 이원익이 허전의 〈고공가〉에 답한 〈고공답주인가〉의 일부이다. 여기에 나오는 '마누라'는 바로 임금 또는 상전을 의미하는 것이다. 이 말이 당상관 이상의 벼슬아치에게 붙이던 '영감'이 '나이 많은 남자'를 지칭하는 변화가 일어난 것과 같이 '나이 많은 아내'를 뜻하는 것으로 의미 변화가 있었다는 것이다. 결국 마누라가 매우 높은 존재라는 것인데, 흥미로운 것은 앞에 이야기했던 마누라의 어원이 남자들의 소망을 반영한 것이라면 이 설명은 마누라를 대하는 남자들의 현실을 보여준다는 것이다.

몰빵

우리말 맞춤법 중에서 쉬워 보이면서도 어려운 것이 된소리의 표기에 대한 것이다. 된소리에 대한 맞춤법 규정은 제5항 "한 단어 안에서 뚜렷한 까닭 없이 나는 된소리는 다음 음절의 첫소리를 된소리로 적는다."라는 것이 기본 원칙이다. 이에 따라 '잔뜩, 절뚝거리다' 처럼 된소리로 나는 것은 된소리로 적어 준다. 여기에서 '뚜렷한 까닭 없이' 라는 말이 들어간 이유는 뚜렷한 까닭이 있는 경우도 있기 때문이다. '뚜렷한 까닭' 은 된소리로 나는 필연적인 음운 환경을 말한다. 예를 들어 받침 'ㄱ, ㅂ' 뒤에서는 '국수' 가 [국쑤]로 소리가 나는 것처럼 뒤 음절 첫소리가 된소리로 발음이 된다. 이런 경우에는 된소리로 적지 않는다.

많이 틀리는 맞춤법 중 '싹둑, 납작' 의 경우는 [싹뚝], [납짝]으로 소리가 나지만 뚜렷한 까닭이라는 것을 생각해 보면 어렵지 않게 정답을 찾을 수 있다. 그러나 이 규정이 모든 곳에 적용될 수 있는 것은 아니다.

'쓱싹'의 경우는 쉽게 쓰던 말이었는데, 규정을 적용하면 '쓱삭'으로 해야 하는 것이 아닌지 헷갈리기 시작한다. 이에 대해서는 맞춤법 규정 제5항에 "다만, 'ㄱ, ㅂ' 받침 뒤에서 나는 된소리는, 같은 음절이나 비슷한 음절이 겹쳐 나는 경우가 아니면 된소리로 적지 아니한다."라고 되어 있다. '쓱싹'은 같은 음절이나 비슷한 음절이 겹쳐나는 예에 해당하므로 된소리로 적어준다. 맞춤법 규정 제5항에서 '된소리로 나는 것'에 대한 판단도 애매한데, '어쭙잖다'와 같은 경우는 맞춤법에 맞게 써도 어색해 보인다.

그런데 파생어나 합성어에서는 앞의 규정과 또 다르다. 맞춤법 규정 제54항에는 '-꾼, -깔, -꿈치, -때기, -빼기, -쩍다'와 같은 접사는 된소리로 적는다고 규정을 하고 있다. 이 규정에 따르면 '일꾼, 빛깔, 팔꿈치'와 같은 말은 실제 발음과 차이가 없기 때문에 어렵지 않지만, '곱빼기, 코빼기(콧배기는 틀림), 귀때기(귓대기는 틀림), 객쩍다'와 같은 것은 제5항에서 규정한 것과는 다르기 때문에 맞춤법이 어렵다. 이와 유사한 사례이지만 아직 표준국어대사전에 실리지 않은 예로는 '몰빵'이라는 말이 있다. 스포츠나 도박, 주식 투자 등에서 모든 자원을 한곳으로 몰 때 흔히 '몰빵'한다고 말한다.

배구에서 외국인 선수 한 명만 공격을 하고 나머지 우리나라 선수들은 수비에 집중하는 것을 '몰빵 배구'라고 한다. 일부에서는 이를 총포나 기타 폭발물 따위를 한곳을 향하여 한꺼번에 쏘거나 터뜨린다는 뜻의 '몰방沒放'으로 써야 한다고 주장한다. 하지만 실제 그렇게 쓰는 사람은 거의 없다. 왜냐하면 '몰방'의 발음이나 사전의 의미가 사람들이 생각하는 '몰빵'과 다르기 때문이다. 사람들은 '몰빵'을 '몰다'의 어간 '몰-'에 '생일빵, 만원빵' 등에 쓰이는 속어의 접사 '-빵'이 합쳐진 말로 인식을 하고 있는데 그것이 더 합리적인 설명으로 보인다.

지리멸렬支離滅裂

《장자莊子》의 '소요유逍遙遊' 편에는 굽고 울퉁불퉁해서 쓸모가 없는 나무에 대한 유명한 이야기가 나온다. 장자는 그 나무가 사람들이 말하는 '쓸모'라는 것이 없었기 때문에 오히려 도끼질을 당하지 않고, 근심 걱정이 없다는 이야기를 한다. 이와 비슷한 맥락에서 '인간세人間世' 편에서는 '지리소支離疏'라는 인물에 대해서 이야기한다. 지리소는 턱이 배꼽에 가고, 어깨가 머리 위로 가 있었기 때문에 손발이 보통 사람들처럼 마음먹은 대로 움직여주지 않았다. 그렇지만 그런 지체장애 때문에 군대나 부역과 같은 나라의 일에서 면제가 되고, 자급자족하면서 편안하게 천수를 누리게 된다.(이름을 그냥 '疏'라고도 부르는 것을 보아서는 '지리支離'는 지체장애인을 이르는 말이었다고 보는 것이 타당할 것이다.)

여기에서 '지리'가 유래했기 때문에 옛 문헌들에서 '지리'

는 자신의 상황을 낮추어서 이야기하거나 의견이 온전하지 못한 경우에 많이 사용되었다. 예를 들어 '그의 의견은 지리하다.'라고 한다면 의견이 온전하지 못하고 결함이 있는 것을 의미하는 경우가 많다. 그리고 손발이 마음대로 움직여주지 않는 상황, 즉 일이 뜻대로 되지 않는 상황이 오래 지속되는 경우에도 '지리하다'는 표현을 사용했다. '하루도 열 두 째 깁도 길샤 셜흔 날 지리支離ᄒ다.'(허난설헌, '규원가' 중에서), '올해는 지리하게도 무더위가 오래 갔는데 今歲支離瘴暑長 / 달밤에 서쪽 문으로 서늘함을 처음 맞나니 西門月夕始迎涼'(정약용, '밤이 서늘하다[夜涼]' 중에서)와 같은 표현들에서 보면 오늘날의 '지루하다'와 거의 같은 의미로 사용되고 있음을 알 수 있다. 사전을 보면 '지리하다'는 '지루하다'를 잘못 쓴 것이라고 되어 있다. 정확하게 말하면 '지리하다'가 세월이 지나면서 발음이 조금씩 변하여 현재의 '지루하다'가 된 것이므로, '지루하다'의 잘못이 아니라 '지루하다'의 옛말이라고 하는 것이 더 정확하다.

일이 뜻대로 되지 않고 지루하게 이어진다는 의미의 '지리'라는 말은 후세에 '멸렬滅裂'이라는 말과 합쳐져 '지리멸렬支離滅裂'로 많이 쓰이게 된다. '멸렬'에 대해서는 대부분의 문헌에서 '경박함'을 의미한다고 주석을 달고 있다. 결국 '지리멸렬'은 지리하면서도 멸렬한 상황, 즉 일이 뜻대로 안 되어 갈피를 못 잡는데다 경박하게 움직여 일이 더 꼬이는 상황을 이야기한다고 할 수 있다. 올해는 참 많은 일들이 있었지만 무엇 하나 제대로 시원하게 풀어간 일은 없었다.(이럴 때 돌파구 역할을 했던 올림픽이나 월드컵은 더 큰 실망을 안겨 주었다.) 그런 점에서 보자면 '지리멸렬' 이야말로 올해를 가장 잘 표현할 수 있는 사자성어라고 할 수 있다. 제발 내년에는 올해가 남긴 문제들을 철저하게 분석하여 '쾌도난마快刀亂麻'로 처리할 수 있기를 기원해 본다.

잔나비

주변에서 자기 나이를 이야기할 때는 흔히 "68년 잔나비 띱니다." 하는 말을 듣게 된다. 이 말을 들으면 왜 원숭이 띠라고 하지 않고 잔나비 띠라고 하는가에 대한 의문이 든다. 원래 원숭이라는 말은 영장류를 뜻하는 한자어 '猿狌원성'이 변하여 된 말로 추정되는데, 19세기 이후 문헌에 나타난다. ('원숭이'라는 말은 20세기가 되어서야 정착된, 역사가 길지 않은 말이다.) 그 이전에 원숭이를 가리키는 데 사용했던 우리말은 '납'이다. 16세기의 한자 교재에는 '납猿'으로 되어 있고, 영천에는 '납샘'(원숭이가 물을 마셨다는 샘)과 같은 지명이 있는데 이를 통해서도 확인할 수 있다. 이후에는 '나비'라는 말이 사용되었는데, 이것은 '납'에 접미사 '-이'가 붙은 형태라고 할 수 있다. 이것은 '개굴'에 접미사 '-이'가 붙어서 '개구리'가 되는 것과 같다.

17세기 이후의 문헌에는 '진나비'로 쓰이다가 이후에 '잔나비'가 되었다. '진나비'는 '진+나비'로 분석할 수 있는데, '진'이 '나비'를 수식하는 구조로 볼 수 있다. 그러니까 '진'의 속성을 가진 원숭이라는 뜻이 된다. 어떤 사람들은 아주 작은 것을 뜻하는 '잘다'의 관형사형인 '잔'과 '나비'의 결합으로 보고 '작은 원숭이'라는 뜻이 아닌가 하는 의견을 내놓기도 한다. 열대지방에는 오랑우탄이나 침팬지와 같이 큰 원숭이들이 살지만 동북아시아 지역에는 작은 원숭이들이 살았으니 그럴 듯한 추론이 될 수 있다. 그러나 17세기에 사용된 '진'은 '재빠르다'의 의미를 가진 '지다'의 관형사형은 될 수 있지만 '잘다'의 관형사형은 될 수 없다. '재빠른 원숭이'를 뜻하는 것으로 보면 동북아시아에는 손오공처럼 작고 빠른 원숭이들이 살았으니까 어느 정도 타당성이 있는 말이다. 그렇지만 '진나비' 뿐만 아니라 '짓나비'라는 형태도 사용되기도 했는데, 이때 '진'은 잿빛을 표현하는 말인 '지'에 관형격을 나타내는 'ㅅ'이 결합된 형태가 자음동화가 되면서 '진'으로 변화한 것으로 볼 수도 있다. 이것 외의 의미가 있을 수 있지만, 둘만 놓고 보면 어느 것이 타당한지는 조선시대 문학 작품에서 약간의 단서를 얻을 수 있다.

우리나라의 한시들에는 쓸쓸한 분위기를 표현하기 위해 '잔나비 울고'라는 말을 표현하는 경우가 많다. 이것은 중국

호북성 파협이라는 곳에는 원숭이가 많이 살아 처량한 울음 소리를 내는 것으로 유명했다고 하는 이야기와 관련이 된다. 그리고 인간 세상과 단절된 상황을 '잔나비와 학이 되어'라고 표현하는 경우도 많다. 이것은 중국 주나라 목왕이 남쪽 지역으로 정벌을 나섰다가 전군이 전사했는데 군자는 원숭이와 학이 되고, 소인은 벌레가 되었다는 이야기에서 비롯된 것이다. 그래서 원숭이와 학은 세상과 단절한 선비를 이야기하는 경우가 많다.

최초의 사설시조라 불리는 정철의 〈장진주사〉에는 죽으면 다 소용 없으니까 지금 술 먹고 즐기기를 권하면서 마지막에 'ㅎ믈며 무덤 우희 쥔나비ㅍ람 불 제 뉘우츤돌 엇더리'(하물며 무덤 위에서 잔나비가 휘파람 불 때, 뉘우친들 무엇하리)라고 말한다. 여기에서도 잔나비의 파람(휘파람) 소리는 죽은 뒤의 더 없이 쓸쓸한 분위기를 고조시키는 것이다.

이러한 표현법에 대해 허균은 "'수풀 너머 흰 잔나비 울음 부질없이 듣노라'와 같은 표현을 쓰는데, 우리나라에는 본디 잔나비가 없지만 대개 시인들은 감흥을 표현하기 위해 쓴다."라고 논평한 적이 있다. 이런 것을 보면 쓸쓸한 감흥을 표현하는 데는 '재빠른 원숭이'는 표현보다는 '잿빛 원숭이'가 더 어울릴 듯하다.

교편教鞭을
잡다

　우리는 평소 '그 사람은 발이 넓다.'와 같은 표현을 자주 쓴다. 실제로 발의 면적을 재어 보지 않았으면서도 그런 말을 쓰는 이유는 '발이 넓다.'라는 말이 둘 이상의 낱말이 합쳐져 원래의 뜻과는 전혀 다른 새로운 뜻으로 굳어져서 쓰이는 관용적 표현이기 때문이다. 그래서 발 모양이 실제로 좁다랗게 생긴 사람이라도 인맥이 넓어서 아는 사람이 많을 경우에 '발이 넓다.'고 하는 것이다.

　관용적 표현은 처음부터 원래의 말과 다른 새로운 뜻으로 쓰인 것은 아니다. 처음 관용적 표현이 만들어졌을 때에는 원래의 말에서 그 의미를 짐작해 볼 수 있었을 것이다. 원래의 말과 아무런 연관성이 없는 그런 관용적 표현이라면 사람들의 동의를 얻기는 어려웠을 것이다. 그래서 원래의 말이 사라져 버리면 관용적 표현도 함께 사라지는 경우가 흔하다. 그런데 우리말에는 원래 말의 의미가 사라졌거나 사라지고 있지만, 관용적 표현은 그대로 남아 있는 특이한 경우가 있는데, 그 대표적인 예가 '시치미'와 '바가지'에 관련된 말이다.

흔히 '시치미를 떼다.'라고 하면 자기가 해 놓고도 안 한 척하거나 알면서도 모르는 척하는 것을 뜻한다. 여기에서 '시치미'는 옛날 매로 사냥하는 것이 성행하던 시절, 매의 이름, 주인 이름 등을 기록하여 달았던 표시였다. 그러니까 우연히 매를 잡았다 하더라도 시치미를 보고서 주인에게 돌려주는 것이 불문율이었다. 그런데 일부 사람들은 욕심 때문에 '시치미'를 얼른 떼어버리고 마치 자기 매인 양 꾸미기도 했었는데, 이런 상황을 보고 '시치미를 떼다.'는 표현이 만들어진 것이다. 말이 만들어진 내력을 보면 관용적 표현이 의미하는 것과 크게 다르지 않다는 것을 알 수 있다. '바가지'에 대한 것도 마찬가지다. 옛날에는 집안에 좋지 않은 일이 있거나 하면 바가지를 긁어 시끄러운 소리를 내어 귀신을 쫓았다. 그런 내력을 알고 있으면 마누라의 잔소리와 같은 시끄러운 소리에서 바가지를 긁는 소리를 쉽게 연결할 수 있다.

그런데 오늘날에는 '시치미'나 '바가지'를 긁는 풍습을 볼 수 없다. 원래의 말이 가진 내력이 사라졌고, 사람들도 그것을 인식하지 못하기 때문에 '시치미를 떼다.'나 '바가지를 긁다.'와 같은 표현은 사라지는 것이 자연스러운 현상이지만, 관용적 표현이 사라질 가능성은 희박하다. 왜냐하면 시치미라는 말이 이제는 '모른 척하는 태도'를 뜻하는 말로, 바가지는 '시끄럽게 하는 잔소리'라는 의미로 굳어졌기 때문이다. 그래서 '시치미를 떼다.' '바가지를 긁다.'라는 관용적 표현을 사용하지 않고, "어디서 시치미야!" "마누라는 늘 바가지야"와 같은 식으로도 사용되고 있는 것이다.

뉴스를 보면 종종 학생 체벌이 사회적 문제가 되는 경우가 있다. 예전 우리가 학교 다닐 때에는 일상다반사였던 것이 사회가 민주화되고, 인권이 중요시되면서 학생 체벌은 이제 버려야할 폐습이 되고 있다. 그 상황을 보면서 앞에서 이야기했던 것과 비슷한 운명을 가진 또 다른 관용적 표현인 '교편을 잡다.'라는 말을 생각해 보게 된다. '교편敎鞭'에서 '편鞭은 원래 형벌을 가할 때 쓰는 채찍이었는데, 교육의 현장에 들어오면서 학생을 체벌할 때 쓰는 회초리와 같은 도구들을 의미하게 되었다. 교사 생활을 하게 되는 것을 '교편을 잡다.'라고 표현하는 데에는 교육의 기본은 매를 통해 훈육하는 것이라는 옛날 사람들의 사고방식이 들어 있는 것이다. 아이가 잘못된 길을 갈 때 올바른 길로 갈 수 있도록 각성하게 만드는 방법은 회초리가 최고라는 생각이 깔려 있는 것이다. 그렇지만 오늘날에는 교육에 대한 관점이 많이 바뀌고, 아이들도 많이 바뀌면서 아이들은 회초리에 맞으면 각성을 하기보다 정신적 충격을 먼저 받게 된다.

　교편은 이제 '시치미' 처럼 사라질 운명에 처해 있지만, 교편이라는 말은 '교직' 과 비슷한 의미로 사용되면서 사라지지는 않을 것 같다.

싸가지

러시아에서 '국민 시인'이라는 칭호를 얻고 있으며, 우리 나라 사람들에게는 '삶이 그대를 속일지라도'로 시작하는 시로 잘 알려진 알렉산드로 세르게비치 푸시킨은 아프리카 흑인의 후손이다. 그의 외증조부인 아브람 페트로비치 한니발은 러시아에 노예로 팔려오는 배 안에서 러시아어를 모두 익힐 정도로 명석했다고 한다. 어린 한니발을 직접 본 표트르 대제는 한니발의 대부가 되어 교육을 시키고 관리로 등용을 했다. 한니발의 피를 받은 푸시킨은 학교에서 러시아어와 프랑스어에서는 천재적인 재능을 가지고 있었지만 다른 과목에서는 거의 모든 과목에서 낙제점을 받았다. 종합 성적으로 따지면 꼴찌에 가까웠지만 그의 동급생 친구들은 그의 문학적 재능을 존경하는 마음을 담아 졸업할 때 학교에 '여기 천재가 있었노라.'는 표지석을 세우기도 했다.

만약 한니발이나 푸시킨이 우리나라에 있었다면 어떻게 되었을까? 조선 중종 때 갖바치와 같은 인물도 신분이 낮다는 이유로 기득권층이 등용을 거부했던 것을 보면 한니발과 같은 흑인 노예가 양반이 된다는 것은 상상하기 어렵다. 그리고 푸시킨은 작달막한 키에 혼혈에다 성적은 꼴찌였기 때문에 오늘날 학교에서 왕따나 빵셔틀이 될 최적의 조건을 갖추고 있다. 국어를 잘 하는 것에 대해서는 천재로 존경받기는커녕 남들의 국어 내신 점수를 까먹는다는 비아냥을 들을 것이다. 학교를 졸업한 그가 설령 천재적 재능을 발휘한 작품들을 쓴다고 해도 명문 대학 출신 비평가들의 혹평에 시달리거나 '싸가지가 없다.'는 말을 듣고 다녀야 할 것이다.

원래 천재들은 언행에서 남들과 다르게 튀는 부분이 있다. 아무리 노력해도 천재의 능력을 따라갈 수 없는 보통 사람은 천재를 질투하기 마련인데, 그 질투의 표현이 바로 튀는 부분을 들어 '싸가지가 없다.'고 공격하는 것이다. '싸가지'는 사전에서 '어떤 일이나 사람이 앞으로 잘될 것 같은 낌새나 징조'를 뜻하는 '싹수'의 방언이라고 하지만 실제로는 '(윗사람이 보기에) 예의 바름, (윗사람의 심기를 건드리지 않고) 자기를 낮춤'과 같은 의미로 사용된다. 우리 사회에서 '싸가지가 없다.'는 평을 듣는 것은 사회성 면에서는 치명적인 것이다. 그래서 능력이 부족한 다수가 천재적인 한 사람을 공격하는 가장 좋은

방법이 바로 '싸가지'를 언급하는 것이다.(유시민 전 장관은 우리
나라에서 손꼽히는 천재이지만 논리로는 그에게 대항하지 못하는 반대파들
이 늘 이야기하는 것이 바로 싸가지이다.) 우리 사회가 반성해야 하는
것은 천재성을 먼저 보려고 하지 않고 싸가지를 먼저 찾으려
고 하는, 혹은 싸가지를 이유로 천재성을 묻어버리는 우리 사
회의 분위기일 것이다.

갈구다

한때 여자들이 제일 싫어하는 이야기로 취급되던 군대 이야기가 예능 프로그램으로 큰 인기를 얻은 적이 있다. 힘든 훈련과 그 속에서 피어나는 전우애, 내무반 생활에서 일어나는 소소한 이야기를 멋있게 포장해 놓으니 꽤 그럴듯하게 보인다. 예능이라고 보기에는 너무나 진지한 연예인들의 모습과 절도 있는 언행이 '진짜 사나이'라는 제목에 맞게도 보인다. 그렇지만 그 프로그램을 보면서 군대를 다녀온 남자들이 떠올리는 것은 다시 돌아가지 않아도 된다는 안도감과 '저건 다 가짜야. 진짜는 따로 있지.' 하는 생각이다.

사실 남자들이 군대 시절로 돌아가라고 하면 기겁을 하는 이유는 훈련이 힘들어서가 아니라 '갈구다'라는 단어로 대표될 수 있는 내무 생활 때문이다. '갈구다'는 군대에서 후임병에게 교묘하게 스트레스를 주고 정신적으로 괴롭히는 것을 가리키는 일종의 사회 방언이 일반 직장과 같이 상하관계가 있는 곳에서도 사용되는 말이다. 왜 그런 상황을 '갈구다' 라고 표현하는지에 대해서는 정확하지 않지만, 경상도 일부 지역에서 미역이나 다시마를 바짝 튀기는 것을 '갈구다' 라고 하는 것과 연관시켜 볼 수도 있다. 일반적으로 스트레스를 받을 정도로 잔소리를 하는 것을 '들볶다' 라고 하는데, 이 말은 여성들의 쉴 새 없는 잔소리를 연상시킨다. 그래서 의미는 비슷하면서 여성적인 느낌이 없는 '갈구다' 라는 말을 사용하기 시작한 것이 아닌가 하는 것이(어디까지나) 나의 추측이다.

군 생활에서 가장 힘든 것은 늘 고참들의 갈굼이 있는 내무반에 들어가는 것이다.(아마 'TV는 원수를 찾아서' 라는 사람 찾아주는 프로그램이 있다면 대부분 군대 고참을 찾을 것이다.) 내무 생활을 하면서 후임병을 갈구기 위해서는 작은 부분 하나하나도 지적해야 하고 그러다 보면 성격이 필연적으로 '쪼잔' 하게 된다. 진짜 사나이라면 '그럴 수도 있지' 하고 통 크게 봐 줄 수도 있어야 하는데, 습관이 그렇게 들다 보니 사소한 것 하나도 용서가 안 된다.

내가 상병 때 하루는 아침 근무 교대하고 온 고참이 상병들을 다 모아서 원산폭격부터 시켰다. 영문도 모르고 머리를 박고 있을 때 고참이 말했다. "내가 우유 안 남겨 놨다고 하는 게 아니고, 너희들이 기본이 안 돼 있기 때문이다!" 그제

서야 머리를 박고 있던 상병들의 머릿속에는 같은 생각이 떠올랐다.

'아! 고참 우유 안 남겨 놨구나!'

고참의 말은 후임병들의 기본이 안 돼 있음을 질책하는 사나이다움이라는 것은 이미 '아니고'에서 다 사라지고 한없이 쪼잔해 보이기만 했다. 차라리 솔직하게 "쫄쫄 굶으면서 근무 서다 왔는데, 근무자 거 안 챙겨놔서 화난다."라고 했으면 후임병들은 자신들이 기본적인 것을 제대로 챙기지 못한 것에 대해 참 미안해했을 것이다. 진짜 사나이는 겉으로만 강해 보인다고 되는 것은 아니다.

감자탕

　한국관광공사 국정감사에서 한 국회의원이 한식메뉴 외국어 표기 실태를 조사한 결과 전국 관광특구 내 한식당에서 잘못된 외래어 표기가 다수 발견되었다는 자료를 발표한 적이 있다. 의원의 주장은 옳은 말들이지만 감자탕에 대한 설명은 하지 않는 것이 나은 것이었다. 의원은 "뼈다귀감자탕을 'Potato Soup Bone'이라고 번역해 놨는데, 감자탕의 '감자'는 강원도에서 많이 나는 감자(Potato)를 뜻하는 것이 아니라 돼지뼈 중 '감자뼈(Pork back-bone)'로 불리는 부위를 뜻하는 것이다."라고 하였다. 그러나 이 주장은 명확하지 않은 민간어원이다.

　감자탕의 '감자'가 돼지뼈를 이르는 말이었다는 것은 기록상의 근거가 빈약한 말이다. 그럼에도 불구하고 그 말로부터 출발해 삼국시대부터 전라도 지방에서 감자탕을 해 먹었다,

척수의 노란 부분을 감자라고 한다와 같은 이야기들이 만들어졌다. 인터넷에 이런 이야기들이 더 많아서 완전히 정설처럼 생각되기도 한다. 기록으로 보면 우리가 잘 알고 있는 감자는 원래 18세기에 들어 온 고구마, 19세기에 들어 온 감자를 함께 지칭하는 것으로 역사가 비교적 짧은 것이다. 그 이전에 사용된 감자라는 말은 유구국(현재의 오키나와)에서 들여 온 사탕수수[甘蔗], 제주에서 나는 홍귤[柑子]을 지칭하는 말밖에 없다. 어떤 사람들은 감자의 원래 한자어인 '감저甘藷'와 발음이 같은 돼지 저猪를 쓰는 '감저甘猪'에서 유래되었다고도 하는데 이것은 비슷한 말만 있으면 갖다 붙이는 민간어원의 논리를 보여주는 것이다.

감자탕이 감자뼈에서 왔다고 주장하는 사람들은 대부분 '너 그거 몰랐지?'라는 말투로 이야기를 하는데, 그것은 자신의 주장이 잘못되었다는 것을 증명하는 것이다. 음식 이름을 지을 때는 당연히 이름만 들어도 알 수 있도록 주재료 명칭과 요리 방법을 결합하여 짓는다. 당연히 사람들이 잘 모르는 말을 사용하여 만들었을 리는 없다. 오늘날과 같은 감자탕이 만들어진 역사에 대해서 음식 연구자들은 대체로 19세기 말이나 20세기 초로 잡고 있다. 19세기 말에 만들어진 음식이라는 것이 맞다면 그 시기에 사람들이 거의 사용하지 않았던 '감자뼈'를 재료로 했다는 것보다는 널리 사용하는 말인 '감자'

를 재료로 한 것이라는 설명이 더 타당하다.

 오늘날 감자탕의 주재료는 돼지 등뼈인 경우가 많으므로 영어로 쓸 때, Pork back-bone soup로 표기하는 것이 맞다. 그러나 같은 재료를 쓰지만 감자를 넣지 않은 음식의 경우 '감자 해장국, 감자찜'이라고 하지 않고 '뼈다귀 해장국, 등뼈찜'이라는 명칭을 붙이는 것을 보면 어떤 원리로 음식 이름이 만들어진 것인지를 짐작할 수 있다. 그렇기 때문에 감자가 많이 들어간 감자탕을 Potato soup라고 쓰는 것이 틀렸다고 말할 수는 없다.

자린고비
이야기

언젠가부터 텔레비전에서는 '먹방'이라고 불리는 프로그램들이 넘쳐나기 시작했다. 실제 가서 먹어 보면 그렇게 대단하지 않은 곳들이 많지만, 텔레비전을 보는 순간만은 음식들이 너무나 먹음직스럽다. 어떤 때는 식사를 하면서 그런 프로그램들을 보다가 그냥 밥만 먹는 때도 있다. 이래서 '자린고비'가 조기를 천장에 달아 놓고 먹었구나 하는 생각도 들고, 자린고비가 요즘 세상에 태어났다면 텔레비전만으로도 진수성찬을 매일매일 먹을 수 있을 것이라는 생각도 해 보았다.

자린고비 이야기는 충주 지방에서 최고 부자가 된 사람의 이야기다. 그는 부모로부터 물려받은 재산이 없었지만 근검절약으로 부자가 되었기 때문에 사람들은 그의 철저하고 지독한 절약 정신을 과장된 이야기로 만들어 냈다. 과장된 이야기가 재미가 있으니까 배트맨 대 슈퍼맨 이야기를 만들어 내듯이 사람들은 자린고비가 더 강력한 구두쇠와 대결하는 것과 같은 새로운 이야기들을 만들어 냈다. 상식적으로 생각해 보면 조기를 천장에 매달아 놓고 밥만 먹었을 때 반찬값 아낀 것보다 영양의 불균형으로 인한 각종 성인병으로 병원비가 더 들어갈 수도 있다. 그렇지만 '그는 돈을 허투루 쓰지 않았다.'나 '그는 지독하게 아꼈다.'고 평범하게 이야기하지 않고, 과장을 통해 웃음을 만들어 낸 것이 우리 선조들의 언어 생활이었다.

그런데 충주 부자의 이름이 왜 자린고비인가 하는 것에 대해 인터넷에는 다음과 같은 이야기가 정설처럼 이야기되고 있다. 옛날 충주 지방에 한 부자가 살았는데, 그는 어머니 기제사 때마다 쓰는 지방紙榜을 매년 새 종이에 쓰는 것이 아까워서 한 번 쓴 지방을 기름에 절여두었다가 매년 같은 지방을 썼다고 한다. '자린'은 '기름에 절인 종이'에서 '절인'이 변화한 것이고, '고비考妣'는 지방에 쓰는, 돌아가신 어머니를 이르는 말이라는 것이다.

이 이야기를 선뜻 인정하기 어려운 이유는 '절인'이 '자린'으로 음운이 변화할 이유에 대해 설명을 못한다는 것은 둘째 치고, 아무리 사연이 있다 하더라도 '절인(돌아가신) 어머니'와 같은 패륜적으로 들리는 말을 별명으로 부른다는 것이 상식에 맞지 않기 때문이다. 그리고 지방을 기름에 절여서 사용하는 것이 그냥 썼던 지방을 재활용하는 것보다 비용이 많이 든다는 점을 생각하면 논리적으로도 허술하다. 여기에 대한 좀 더 신빙성 있는 이야기는 벽초 홍명희가 쓴 장편소설 《임꺽정》에 들어 있다. 〈양반편〉에 보면 '충주 부자에 고비高蜚란 사람이 있었으니 위인이 다랍게 인색吝嗇하여 자린고비로 유명하였었다.' 라는 부분이 나온다. 한자어 '자린玼吝'이 지독하다, 인색하다의 의미를 담고 있기 때문에 자린고비는 '구두쇠 고비' 정도로 이해할 수 있다. 그렇게 보면 소설의 문맥이나 우리의 상식과 잘 맞아 떨어진다.

고치 이야기

벽초 홍명희가 쓴 소설 《임꺽정》은 연산군 시대부터 명종 시대까지의 정사와 야사를 집대성해 놓았다고 해도 과언이 아닐 정도로 다양한 이야기가 담겨 있다. 임꺽정이 태어나기 전인 연산군 시절의 이야기는 영화 〈간신〉이나 드라마 〈인수대비〉로 만들어졌으며, 중종과 명종 시대의 궁중 암투에 관한 이야기는 드라마 〈여인천하〉로 만들어졌기 때문에 상당히 익숙한 내용이 많이 나온다. 이 소설의 〈양반편〉에는 수렴청정을 하던 문정왕후의 오라비로 무소불위의 권력을 행사하던 윤원형의 악행에 대한 이야기가 나온다. 그의 권세를 보여주는 이야기의 하나로 자린고비의 아들 고치高致가 나오는데, 그 이야기가 이렇다.

고치의 아버지 고비는 자린고비로 불리면서도 근검절약을 해서 충주 최고 부자가 되었는데, 그 아들 고치는 아버지와는 딴판으로 달라서 잘 먹고, 잘 입고, 기생집 출입까지 하였다. 재물은 유한한데, 씀씀이는 한없이 커지기만 하니 재산이 줄고 줄어서 나중에는 거지가 다 됐다는 소문까지 돌게 된다. 고비가 모은 재산이 워낙 많아서 먹고 살 정도는 되었지만, 재물이 빠진 뒤에는 사람들이 업신여기고 함부로 고비에 대해 조롱하는 말을 했다. 그런데다 근방에 김개라는 사람이 재산이 늘어 충주 최고 부자 행세를 하는 것도 보기 싫어서 고치는 벼슬을 구한다는 핑계로 서울에 가서 내려오지 않았다. 충주 부자 김개는 부자로 만족할 수 없었던지 자식에게 말단 벼슬이라도 주려고 윤원형에게 누에고치 200석을 뇌물로 바치고 청탁을 한다. 이때 이조판서인 윤원형은 능을 관리하는 관리인 능참봉 빈자리에 새로 임명을 해야 했다. 좌랑이 붓을 들고 윤원형이 부르는 이름을 받아 적는데, 윤원형은 전날 밤 일이 과했던 탓에 꾸벅꾸벅 졸고 있었다. 좌랑이 "양주 현릉을 누구로 내시렵니까?" 하자, 윤원형은 고치를 뇌물로 받은 것이 생각나서 "응, 고치."라고 답한다. 어디 사는 '고치'냐고 물으니 여전히 졸면서 "응, 유신현(충주)."이라고 답한다. 그래서 고치는 영문도 모르고 관리가 되었는데, 나중에 고치가 인사왔을 때 윤원형은 자기가 실수한 것을 알았지만, 뇌물을 받은 것을 발설할 수도 없어서 임명한 것을 물리지는 못했다고 한다.

이 이야기를 고치의 입장에서 보면 결과적으로 부자인 아버지도 얻지 못했던 관직을 얻었으니 아주 재미있고 행복한 결말을 가진 이야기가 된다. 그러나 객관적인 입장에서 보면 이것은 비극 그 자체이다. 실력은 부족한데 힘 있는 사람을 통해 부정한 방법으로 관리가 된 사람은 본전을 찾는 일에만 몰두하고, 자리를 유지하기 위해 오로지 자신을 등용한 사람에게만 충성을 하게 된다. 그런 점에서 본다면 고치 이야기는 그저 운 좋게 성공한 사람의 익살스러운 이야기가 아니라 조선사회가 왜 망해갔는가를 보여주는 이야기라고 할 수 있다.

관광과 여행

학생들의 방학과 직장인들의 휴가가 시작되면서 해외로 '여행'을 가는 사람이 많다. 다른 사람과 패키지 '관광'을 하는 사람도 있고, 혼자서 배낭 '여행'을 하는 사람도 있다. 그래서 해외 유명 '관광'지에는 한국인들 천지라고 한다. 그렇지만 여기에서 오늘 이야기할 것은 해외 여행에 대한 안내도 아니고, 관광 수지 적자에 대한 내용도 아니다. 바로 앞의 문장에 사용된 '여행'과 '관광'을 서로 교체해서 써 보면 아무런 문제가 없는 것도 있지만, '배낭 관광'처럼 어색한 것도 있고, '관광지/여행지'처럼 느낌이 다른 것도 있다. 이 이유는 우리가 거의 구분을 하지 않고 사용하는 '관광'과 '여행'의 의미가 미세하게 다르기 때문이다.

먼저 관광觀光은 주역에 나오는 "관국지광 이용빈우왕觀國之光 利用賓于王"에서 온 말이라고 알려져 있다. 이 구절에 대한 해석은 사람마다 차이가 있는데, 대체로 '나라의 빛을 보면 왕에게 빈객으로 이롭게 쓰인다' 정도로 해석할 수 있다. 이 구절의 바로 뒤에 "상왈 관국지광 상빈야象曰 觀國之光 尙賓也"라는 말이 오는데, 이것을 '상에 이르기를 나라의 빛을 보는 것은 빈객이 되기를 바라는 것이다.' 로 해석하면 앞의 내용과 자연스럽게 이어진다. 여기에서 '나라의 빛' 이라는 것은 다른 나라의 선진적인 제도나 문물들을 뜻하는 것이다. 중국의 춘추전국시대에 작은 나라의 왕들은 나라를 부강하게 만들기 위해 유능한 빈객을 초빙하였다. 당시에는 책이 많이 없었기 때문에 다른 나라의 문물을 많이 둘러 본 사람이 가장 유식한 사람이었다. 그래서 왕의 빈객으로 관리가 되려는 사람에게 관광은 필수적인 것이었다.

관광이라는 말의 근원이 그렇다 보니 관광은 대체로 선진적인 문물이나, 문화재가 있는 곳, 자연 경관이 빼어나게 아름다운 곳, 독특한 풍속으로 이름 난 곳을 둘러보고 견문을 넓히는 것에 강조점이 가 있는 것이다. 반면 '여행旅行' 은 한자의 뜻처럼 '나그네가 되어 돌아다니는 것' 이다. 나그네는 자신이 사는 지역과 직업을 떠나 다른 지역에 잠시 머물거나 떠도는 사람이다. 그래서 명승지가 아니더라도 일상을 벗어난 곳이라면 어디라도 '여행지' 가 되는 것이다. 사람이 여행을 떠나는 이유는 바로 자신을 돌아보거나 지친 일상에서 벗어나기 위함이라고 할 수 있다. 사람이 자신의 일에 매몰되다 보면 아무것도 아닌 일에 스트레스를 받고 힘들어진다. 그런 일상에서 벗어나 나그네라는 타자他者의 시선으로 자신의 삶을 돌아보면 못 보던 것을 보게 되며 새로운 힘을 얻을 수 있다. 결국 관광이나 휴양休養은 여행의 한 부분이 될 수 있지만, 나그네가 되어 자신의 삶을 돌아보는 것은 여행에서만 얻을 수 있는 것이다. 그런 여행지는 외국보다도 대한민국 구석구석에 더 많이 있다.

꿈을 꾸다

우리말에서는 한자 어휘와 우리말을 함께 사용할 때 잉여적인 표현이 생겨나는 경우가 많다. 대표적인 예로는 '가까운 측근側近', '남은 여생餘生', '새로 신축新築하다', '하얀 백지白紙', '미리 예고豫告하다' 등이 있는데, 이 말들은 한자어의 일부가 우리말과 겹치면서 잉여 표현이 되는 것이다. 이런 예들은 잘못된 표현이기 때문에 이것에 관한 내용은 공무원 시험이나 수능 시험에도 잘 나온다. 반면에 '빈 공간空間', '박수拍手를 치다', '구색具色을 갖추다'와 같은 경우는 한자어의 일부와 겹치는 표현이 있지만 잉여 표현이라는 생각이 들지 않고, 이를 대체할 표현도 없는 경우가 있다. 이것은 '공간'의 공空이나 '박수'의 박拍, '구색'의 구具와 같은 한자의 의미가 앞서 말한 근近, 여餘, 신新과 같은 말들에 비해 상대적으로 적게 사용되다보니 잉여 표현이라고 의식하지 못하는 것이라고 할 수 있다.

한자 어휘와 우리말의 결합과 달리 우리말끼리의 결합으로도 잉여적인 표현이 생겨나는 경우가 있는데, 바로 '꿈을 꾸다.', '잠을 자다.', '춤을 추다.' 이다. '꿈'이라는 말이 '꾸다'라는 동사에 접사 '-ㅁ'이 붙어서 이루어졌고, '잠'과 '춤' 역시 같은 구성으로 이루어진 말이기 때문에 완벽한 잉여적 표현이다. 그렇지만 이것에 대해 잉여적 표현이라고 하지 않는 것은 매우 흥미로운 현상이다. 이 중에서도 '꾸다'는 좀 더 특별하다. '자다'의 경우는 '오늘은 일찍 자라'와 같이 목적어인 '잠'이 생략될 수도 있지만, '꾸다'는 항상 '개꿈, 악몽'과 같은 '꿈'과 관계된 말하고만 사용된다. '추다'나 '자다' 경우는 그 동작을 명확히 떠올릴 수 있지만, '꾸다'는 구체적으로 어떻게 하는 것이 '꾸는' 것인지 잘 떠오르지 않는다. 그렇기 때문에 '꾸다'에서 온 '꿈'이라는 말도 많이 사용하고 있지만 어떻게 보면 매우 모호한 말이다.

기본적으로 '꿈'이라고 하면 수면 상태에서도 정신 활동이 멈추지 않아 사물을 보고 듣는 것처럼 느끼는 현상이다. 정신 활동이 멈추지 않는 이유는 현실 세계와는 다른 것을 원하는, 혹은 억눌려 있던 욕망이 일어나기 때문이라고 할 수 있다. 꿈이 '꿈' 같은 이유는 실현 가능성이 없지만 아름다운 세계이기 때문이다. 그런 점을 생각해 보면 '꾸다'는 현실에서는 이루어지기 어려운 황당한 생각을 마음속에 그리는 것이라고 할 수 있다. 어떤 면에서는 꿈은 비현실적이기 때문에 힘든 오늘을 살아가는 사람들에게 작은 위안이 되고 힘이 되는 것이다. 하지만 꿈은 꾸는 것이기 때문에 소중히 간직하는 것이 아니라 늘상 깨지는 것이고, 다시 새롭게 꾸는 것이다. 어른들은 학생들에게 구체적이고 현실적인 계획을 세워 착실하게 실천해 나가는 것을 꿈이라고 이야기를 하지만 그것은 꿈을 꾸는 것이 아닌 것 같다.

따라지

우리말 중에 '-아지'가 붙는 말들은 '송아지, 강아지, 망아지'처럼 새끼나 작고 귀여운 것을 이야기하는 것들이 있는 반면, '꼬라지(꼴+아지), 싸가지(싹+아지), 따라지(딸+아지)'와 같이 들으면 기분 나쁜 말도 있다. '-아지'가 동물이 아닌 명사나 동사에 붙으면 비하卑下하는 의미가 추가되기 때문이다. 그런데 기분 나쁜 이유는 조금씩 다르다.

'꼬라지'라는 말은 '꼴'이라는 말 자체가 비하의 의미를 가지고 있기 때문에 '-아지'가 붙어 있거나 없거나 기분이 나쁘다. 전에 이야기한 바가 있듯이 '싸가지'의 '싹'은 예의 바름이나 장래성을 나타내는 것이기 때문에 있어야 좋은 것이다. 그렇지만 '-아지'가 붙음으로써 비하의 의미가 담기다 보니 '싸가지가 있다.'는 말이 칭찬으로 생각되지 않는다.

'따라지'는 동사 '따르다'에서 나온 '딸'에 '-아지'가 붙어서 보잘것없는 존재라는 뜻을 나타내는 말이다.(어떤 사람들은 아들, 딸의 딸과 '-아지'가 붙은 것으로 보고 남존여비 사상이 반영된 것이라고 하는데, 그럴듯하지만 근거는 없다.)

동사의 의미를 생각하면 자기가 주도적으로 뭔가를 하지 못하고 항상 남을 따라하고, 남에게 의지해서 구차하게 살아가는 존재인데, 그것이 확장이 되면서 보잘것없는 존재들을 가리키게 되었다고 할 수 있다. 이 '따라지'라는 말은 원래는 '삼팔따라지'와 같은 형태로 도박판에서 많이 사용되던 말이었다. 도박판에서 최고로 높은 것은 '삼팔 광땡'인데, 광땡이 아닌 삼팔은 한끗밖에 되지 않는 매우 낮은 패이다. 이팔이나 삼칠 막통이라고 불리는 더 낮은 끗발이 있음에도 불구하고 '삼팔따라지'라고 한 것은 삼팔 광땡과의 대비를 노린 것이라고 할 수 있다.

재미있는 것은 삼팔에서 사람들은 바로 '38선'을 연상한다는 것이다. 그래서 1·4 후퇴 때 38선을 넘어 남한으로 내려온 사람들은 스스로를 '삼팔따라지'라고 부르기 시작했는데, 여기에는 고향을 버릴 수밖에 없었던 것에 대한 안타까움이나 자책감이 묻어 있다.

바리와 도리

얼마 전 우리 사회인 야구팀 단체 대화방에 감독님이 "쪼춤바리 좀 했나?"라는 말을 했다. 그랬더니 젊은 선생님이 "쪼춤바리는 일본 말인가요? '나와바리, 시다바리, 오케바리' 이런 말하고 느낌이 비슷한데요?"라고 물었다. 그러자 일본어 선생이 답하기를 '나와바리'는 일본말이 맞는데, '시다바리'라는 말은 'したばり[下張]'라고 해서 초벌 도배하는 것을 말하고, 사람들이 흔히 '조수'라는 말로 쓸 때는 그냥 '시다(した)'라고 쓴다고 했다. '시다바리'는 '시다+바리', '오케바리'는 'ok+바리'로 분석될 수 있겠는데, 이럴 때 쓰는 일본어의 '바리'는 없다고 했다.

갑자기 대화방이 학구열로 불타면서 사람들이 나에게 '바리'의 정체를 알려달라고 했다. 나는 아는 대로 '쪼춤바리'는 달리다는 뜻의 경상도 사투리 '쪼치다'의 변형 명사형

'쪼춤'에 '바리'가 붙은 것으로 분석이 되는데, '바리'는 무엇인지 잘 모르겠다고 했었다. 그러고 난 뒤 '바리'라는 말이 사용된 예들을 한번 찾아보았다. 금방 떠오르는 것은 절에서 공양할 때 쓰는 그릇을 '바리'라고 한다. 어릴 때 어른들은 "짚 한 바리 싣고 온나."라는 말을 했는데, 이때는 짐을 세는 단위로 쓰인다. 그리고 말과 행동이 둔하고 미련한 사람을 '데퉁바리, 뒤틈바리'라고 했는데, 이때는 '데퉁'스럽다는 속성을 가진 사람을 낮잡아 이르는 데 사용된 것이다. 경상도 사람들은 '미자바리', '꽁지바리'라는 말도 쓰는데, 이것은 '미자(항문에 연결된 창자를 뜻하는 미주알의 경상도 사투리)+바리', '꽁지(꼬리 또는 꼴찌)+바리'로 분석이 된다. 이 경우에는 '쪼춤바리'처럼 앞 말에 별 뜻 없이 붙여 쓴 말이라고 할 수 있다. 이렇게 놓고 보면 '시다바리'나 '오케바리'는 일본어나 영어에 우리말인 '바리'가 붙어서 만들어진 말이라고도 볼 수 있다. 어원은 확실하게 모르겠지만 우리나라에서 많이 쓰이는 말을 일본어라고 볼 이유가 없는 것은 분명하다.

국립국어원에서는 '닭도리탕'에서 '도리'가 새를 뜻하는 일본어 '도리[鳥, とり]'에서 온 말이기 때문에 '닭볶음탕'으로 순화하도록 하였다. 그런데 요리연구가들은 '닭볶음탕'이 볶는 방식을 쓰는 것이 아니기 때문에 적절한 용어가 아니라고 하였다. 그리고 상식적으로 생각해 보아도 '닭도리탕'에서

'도리'는 닭을 요리하는 방법에 대한 말일 텐데 '새'를 뜻한다는 것은 말이 안 되는 것이다. '닭새탕'이라는 요리와도 맞지 않고, 논리적으로도 허술한 말이 사람들의 선택을 받아 살아남았을 리는 없다. '도리'가 대충 토막을 내는 '도리치다'에서 온 말인지는 확실하지는 않지만, 일본어라고 보는 것보다는 설득력이 있다. 일본어의 잔재를 없애는 것은 의미가 있지만, 일본어와 비슷하면 무조건 우리말이 아니라고 생각하는 것도 잘못된 자세다.

호구虎口

　어수룩하여 이용하기 좋은 사람을 비유적으로 이를 때 흔히 '호구'라는 말을 쓴다. 그런데 이 말을 한자로 쓸 때 호랑이의 입을 뜻하는 호구虎口라고 하면 의아한 생각이 든다. 만약 보호 장구를 뜻하는 호구護具나 입에 풀칠하는 불쌍한 상황을 뜻하는 호구糊口라고 한다면 좀 그럴듯한 민간 어원이 만들어질 수도 있다. 호구護具는 몸을 지키기 위해서 대신 맞는 역할을 하니까 자기 앞가림도 못하면서 남을 위해 사는 호구의 특성과 맞아 떨어질 것 같고, 남한테 이용만 당하다가 입에 풀칠도 못 하게 되니까 호구라고 할 것만 같기도 하다. 이런 것도 '아하, 그렇구나' 하는 느낌은 들지 않지만 적어도 호랑이의 입보다는 그럴 듯해 보인다.

　'호구'라는 말의 어원에는 좀 복잡한 설명이 필요하다. 원래 호랑이의 입 안에 들었다는 것은 죽기 직전에 있는 매우 위태로운 상황을 말한다. 호랑이 입이 가진 이러한 속성 때문에 바둑에서는 호구가 바둑 석 점이 이미 포위하고 있는 형국을 가리키는데, 그 속에 바둑돌을 놓으면 영락없이 먹히고 만다. 그런데도 호구 안에 돌을 디밀어 넣는 사람은 매우 어리석은 사람이다. 그 어리석음을 이용해서 이익을 챙기는 것을 '호구 잡다.'라고 하고, 손해를 입는 것을 '호구 잡히다.'라고 하는데, 조금 긴 설명이 필요하지만 다른 어떤 말보다 더 적절한 설명이 된다.

바둑을 통한 '호구'에 대한 설명은 '호구'라고 불리는 사람들의 중요한 특성을 보여준다. 바둑에서 호구에 돌을 두는 이유는 자신의 수만 생각하고, 자신의 수는 다 보이도록 하면서 상대의 수는 전혀 읽지 못하기 때문이다. 그러니까 남 좋은 일은 다 하고, 좋은 소리를 듣지도 못한다. 반대로 상대방의 수를 분석하고, 예측 불허의 수를 두면 호랑이의 입에 들었어도 이익을 뽑아낼 수 있다. 고려시대 때 거란족이 소손녕을 대장으로 80만 대군을 동원하여 고려에 침입해 와서는 항복을 요구하는 공문을 보낸 적이 있다. 고려 조정에서는 항복하자는 파와 전쟁을 하자는 파가 갈렸지만, 서희는 거란이 대군을 이끌고 와 위세만 과시하고 항복하라고 요구하는 것에서 거란의 의도를 간파했다. 거란이 목표하는 것이 중원으로 진출하는 것인데, 고려가 송나라와 연합하여 거란의 배후를

치는 것을 가장 두려워한다는 것을 알았다. 그는 이를 이용해 항복이 아닌 국교 수립만으로 전쟁을 하지 않고 거란족을 돌려보냈을 뿐만 아니라, 압록강 유역의 여진족 때문에 거란과 국교를 맺기가 어렵다는 점을 내세워 압록강 유역 영토까지 얻게 된다. 이처럼 상대의 수를 분석하고 적절히 처신하면 이득을 얻을 수 있지만, 상대의 의도는 모르면서 '이 수보다 나은 수는 있을 수 없다.'고 단정하는 것은 호구가 되는 지름길이다.

제3부

손가락과 달

산은 산이요, 영화는 영화다

　흔히 "우리 학교는 명문이다."와 같이 규정을 하는 경우가 많다. 이 말을 잘 분석해 보면, 말 속에는 세상에는 명문이 아닌 학교가 존재하고, 우리 학교는 명문 학교와 명문이 아닌 학교의 경계선의 안쪽에 있다는 의미가 있음을 알 수 있다. 수식하는 말이 많아지면 경계선도 더 많아진다. "김 병장은 독실한 기독교 신자이다." 라고 한다면 세상에는 '신자가 아닌 사람, 신자라도 기독교가 아닌 사람, 기독교 신자라도 초코파이 먹으러 가끔씩 교회 오는 사람' 이 있고, 김 병장은 그들과의 경계선에서 안쪽에 있음을 의미한다.

　어떤 대상의 의미를 이와 같이 분해하고, 다른 것들과의 차이를 통해 의미를 파악하는 방법이 소쉬르가 주창한 구조주의 방법론이다. 이 방법론은 일상생활에서 어떤 말의 의미를 명확하게 하는 데 도움이 된다. 그러나 그것이 습관화되다 보면 삶에서 진정으로 추구해야 할 것이나 사물의 본질을 파악하기보다 경계선을 만들고 그 안에 들어가기 위해 노력을 하게 된다. 사람이 겪는 모든 괴로움은 바로 이런 경계에 대한 집착으로부터 시작된다고 할 수 있다.

쉬운 예로 요즘 인터넷을 보면 사람들이 자신과 의견이 조금만 다르면 '수꼴'(수구꼴통), '좌좀'(좌익좀비)라고 부르며 자신과는 분명하게 경계를 긋고 있다.(스스로를 꼴통, 좀비라고 할 리 없으니까) 어느 시대, 어느 사회에서나 사람들 간의 의견 차는 분명히 존재해 왔다. 그렇지만 사람들 간에는 서로 의사소통을 통해 어느 정도 생각을 좁혀서 의견의 합일점을 찾을 수도 있다. 그러나 정상인과 꼴통, 인간과 좀비 사이에는 합일점을 찾을 수도 없으며, 말을 하면 할수록 배제, 배척, 억압, 경멸, 적대감, 무시, 무관심과 같은 부정적 감정들만 증가할 뿐이다. 사실은 원래부터 있었는지도 의심스러운 그 경계 때문에 대립과 갈등, 그로 인한 괴로움, 스트레스를 겪는 것이다.

이런 문제에 대한 해답으로 불교의 선승들은 "산은 산이다."와 같은 말을 화두로 제시하였다. "산은 산이다."는 말은 정의항과 피정의항이 같다. 이렇게 두면 산을 산 아닌 것과 구분을 하려고 해도 그 기준은 다시 산이기 때문에 경계를 나눌 수가 없다. 그러므로 이 말은 '산'을 규정하려는 경계선 대신 '산'이라는 본질적인 대상을 바라보라는 의미가 되는 것이다. 예전 한 큰스님이 자신의 동자승에게 동그라미를 그려 주고, "너는 이 안에 있어도 맞을 것이요, 밖에 있어도 맞을 것이다."라고 하자, 동자승은 동그라미를 지워 버렸다고 한다. 안과 밖의 경계선을 남겨두는 이상 우리는 어느 하나를 선택할 수밖에 없고, 그 선택은 괴로움을 가져올 수밖에 없는 것이다. 영화 〈달마야 놀자〉에 보면 스님들이 조폭들을 쫓아내기 위해 대결을 펼치는 장면이 나온다. 마지막 대결로 큰스님이 제안한 밑 빠진 독에 물을 채우기 대결을 하는데, 조폭들은 밑 빠진 독을 연못에 빠뜨림으로써 큰스님이 낸 문제를 해결한다. 이것은 독 안의 물과 독 밖의 물의 구별이 없는 것처럼, 스님과 조폭의 구분도 마음이 만들어낸 경계일 뿐이라는 의미를 담고 있다.

그렇구나

　2014년부터 수능 국어에는 듣기 평가가 빠지고 '화법' 이라는 영역이 출제가 되었다. 대학에서 공부하려고 하는 수준의 모국어 화자에게 외국어 듣기 시험과 비슷한 문제로 평가한다는 것이 문제가 있었기 때문이었다. 새롭게 들어간 화법은 우리가 실제 사용하고 있는 구어를 대상으로 이것이 상황과 맥락에 맞게 적절하게 사용되었는지 분석하는 것이다. 화법을 실제 수업해 보면 지극히 상식적인 것임에도 우리가 잘 지키지 못하는 언어 습관을 다시 한 번 생각해 보게 된다.

　화법의 수많은 내용 중 사람들이 꼭 의식해야 하는 것은 공손성의 원리 중 '동의의 격률' 이라는 것이다. 동의의 격률이란 말을 할 때 자신의 의견과 다른 사람의 의견 사이의 차이점은 최소화하고 일치점을 극대화해야 한다는 것이다. 무슨 격률이라고 할 필요도 없이 상식적인 것이고, 말로 인간관계를 형성하는 데 가장 기본적인 것이다.

예를 들어 아들의 성적이 떨어지자 아내가 학원을 한 군데 더 보내면 어떻겠냐고 물어보았을 때, 남편이 "뭐, 지금까지 들인 돈이 얼만데, 또 학원을 보내?"라고 하면 아내는 기분이 나빠진다. 거기다 덧붙여 "머리는 누구를 닮아서 저 모양이야."라고 한다면 그것은 전쟁의 서막이 되는 것이다. 친구 사이에서도 마찬가지다. "K팝스타 봤니? 방예담 정말 잘 하더라."라고 이야기했는데, "뭐가 잘 한다는 거야? 가사 전달 안 되고 듣기 불편하던데." 이런 반응을 들으면 기분이 슬며시 나빠지고, 반박을 하고 싶어진다. 이를 보면 의견의 차이점이 많지 않고, 있어도 드러내지 않는 친구를 '막역지우莫逆之友'라고 하여 친한 친구를 표현하는 말 중의 하나로 사용하는 이유를 알 수 있다.

동의의 격률을 연습하는 방법 중 하나는 의식적으로 '~구나'를 사용하는 것이다. '~구나'는 '화자가 새롭게 알게 된 사실에 주목함을 나타내는 종결 어미. 흔히 감탄의 뜻이 수반된다.'고 사전에 나와 있다. 사전에 없지만 '~구나'에 담겨 있는 가장 중요한 전제는 상대의 말을 그대로 인정한다는 것이다. 위의 예에서 '~구나'를 사용해서 "당신은 애가 학원을 덜 다녀서 성적이 안 나온다고 생각하는구나.", "너는 공기 반 소리 반, 두성이 열린 소리를 좋아하는구나."라고 답을 한다면, 비록 자신과 의견이 다르다 할지라도 기분이 나쁠 일은 없을 것이다.

　흔히 친구 사이에는 정치와 종교 이야기를 하지 말라고 한다. 사람들은 이 두 주제에서 차이가 있을 때는 상대를 인정하지 못하기 때문이다. 그렇지만 이 주제에 대해서 이야기할 때도 한 번 "그렇구나"라고 먼저 말을 해 보라. 아마 마음이 조금 너그러워져서 별것 아닌 것으로 왜 그렇게 심각하게 고민하고 불쾌하게 생각했을까 하는 마음이 들 수도 있을 것이다.

손가락과 달

불교의 설화 중에 부처님이 달을 가리키자 어리석은 사람들은 달은 보지 못하고 손가락만 보았다는 이야기가 있다. 이 이야기는 언어와 참된 세계의 관계에 대해서 이야기를 할 때 자주 인용하는 것이다. 달을 보게 하려면 손가락이 정확한 방향을 가리켜야 하듯, 참된 세계를 보게 하려면 언어가 정확해야 한다. 그러나 달을 보았으면 손가락은 잊어도 되는 것처럼 언어를 통해 참된 세계를 보았다면 언어에 집착할 필요는 없다. 부처님이나 예수님 같은 성인들의 생각은 그 깊이가 매우 깊어서 보통 사람이 이해하기 어려운 말들도 있는데, 어떤 사람은 일부러 어려운 말만 골라 앵무새처럼 따라하며 자신이 다른 사람보다 우월하다는 것을 뽐낸다. 이런 것이야말로 손가락과 달을 구분하지 못하는 어리석은 일이라고 할 수 있다.

그런데 일상을 살다보면 손가락과 달을 구분하는 것이 쉽지는 않다. 여러 사람과 크고 작은 일로 갈등을 겪다 보면 본질인 달은 볼 줄 모르고, 손가락을 가지고 다툼을 하는 경우가 많다. 특히 자식을 키우면서, 남의 집 아이들을 가르치면서 그런 때가 많다. 부모들은 늘 스마트폰을 만지작거리면서, 책상 앞에 앉아 있는 때가 없는 아이를 보고 있으면 화가 난다. 고등학교 교사들은 7교시만 마치면 각종 부위가 다 아파서 병원에 갔다 오겠다든가(갔다 오겠다고 하지만 학교로 돌아오지는 않는다.), 할아버지 제사 때문에 야간 자율학습을 빠진다든가(고3도 열외 없이 제사에 참석하는 뼈대 있는 집안이다.) 하는 아이들과 신경전을 벌이기도 있다. 그러다 보면 공부를 하는가, 하지 않는가가 중요한 것이 아니라 아이가 책상에 앉아 있는가, 아닌가가 중요한 문제가 되어 버린다. 사실 목표의식이나 공부에 대한 동기가 없는 아이들은 아무리 책상에 오래 앉혀 놓아도 성적이 오르지 않는다. 이런 아이를 억지로 책상에 앉혀 놓으면 아이에게 목표는 공부가 아니라 책상을 탈출하는 것이 된다.

중학교 1, 2학년 때 우리 담임선생님은 뭐든 1등이 아니면 안 된다고 생각하시는 분이셨다. 2학년 때 우리 반 반평균이 2등이 되자 선생님은 일명 '빡빡이'라고 불리는 숙제를 매일 세 장씩 해 오라고 하셨다. 나는 원체 글도 작게 쓰고, 다른 아이들처럼 볼펜 두세 개를 묶어서 사용하는 요령도 없어서

한 장을 채우기도 힘들었다. 매일 숙제를 못 해서 벌을 받다가 하루는 "더는 못 하겠습니다. 전 차라리 빽빽이 할 시간에 공부를 하고 싶습니다."라고 선언을 했다. 그랬다가 죽도록 맞은 이야기는 중학교 동기들 사이에서는 전설이 되었다. 지금도 그때를 생각하면 '반평균 1등', '빽빽이 세 장'과 같은 손가락에만 집착할 것이 아니라, '왜 공부를 해야 하는가, 공부는 이렇게 하면 좀 더 재미있게 할 수 있다.'와 같은 올바른 방향을 가리키는 손가락으로 달을 볼 수 있도록 해 주었으면 어땠을까 하는 아쉬움이 있다.

효자 효녀
이야기

불교나 유교에서는 예로부터 효孝를 강조해 왔기 때문에 우리나라에는 효자 효녀에 대한 이야기가 많이 전해져 온다. 우리가 익히 알고 있는 효자 효녀 이야기는 대개 자신의 몸을 상하게 하여 병든 부모님을 위하는 경우가 많다. 〈삼강행실도〉에 나오는 용안현의 이보나 〈오륜행실도〉에 나오는 고산현의 유석진의 경우는 자신의 손가락을 잘라 피를 먹이거나 뼈를 갈아 마시게 하여 아버지의 병을 치료했다고 한다. 병든 어머니가 한겨울에 잉어가 먹고 싶다고 해서 꽁꽁 언 강물을 보며 하염없이 눈물을 흘리자 얼음 속에서 잉어가 튀어나왔다는 이야기 역시 같은 부류로 묶일 수 있을 것이다. 병든 부모님의 치료를 위해 아들을 솥에 넣고 삶았는데 나중에 솥을 보니 산삼이 들어 있었다는 조금 섬뜩한 면이 있다. 오늘날의 관점에서 보면 이 이야기들은 모두 불법 의료 행위에 살인까지 한 것으로 결코 본받을 만한 일이 아니다. 결과가 좋아서 효자로 칭송받게 되었지, 만약 그렇게까지 했는데도 부모님이 차도가 없었으면(실제로는 그럴 가능성이 높다.) 어쩔 뻔했나. 그리고 이 이야기들을 듣고 있으면 효자 효녀가 되기 위한 제일 첫 번째의 조건이 병들거나 한겨울에 잉어를 내놓으라고 할 정도의 염치없는 부모를 두어야 하는 것처럼 생각되기도 한다.

우리가 익히 잘 알고 있는 심청이나 심청전의 근원이 되는 신라시대 효녀 지은의 이야기에서는 부모님을 위해 공양미 삼백 석에 팔려가거나 남의 집 종이 되기도 한다. 그런데 이 이야기에서도 과연 그렇게 하는 것이 부모님을 위하는 길인지를 생각해 볼 필요가 있다. 나도 세 아이의 아버지가 되면서 느낀 것인데, 자식이 잘 되는 것을 위해서는 등골까지 빼어 줄 수 있는 것이 부모의 마음이다. 그런 부모의 입장에서 자식이 나를 위해 자신의 꿈도 희망도 포기했다고 하면 그것은 고맙게 받아들일 일이 아니라 가슴이 찢어지는 고통이 된다. 결국 효자 효녀의 이야기는 행동을 본받으라는 것이 아니라 부모님을 위하는 마음가짐을 본받으라는 것으로 해석할 필요가 있다.

〈소학小學〉에서는 효도에 대해 '身體髮膚 受之父母 不敢毀傷 孝之始也,(신체발부 수지부모 불감훼상 효지시야 : 우리의 몸은 부모

로부터 받은 것이니 다치지 않게 하는 것이 효도의 시작이요.) 立身揚名
於後世 以顯父母 孝之終也(입신행도 양명어후세 이현부모 효지종야 :
올바르게 살아 후세에 이름을 떨쳐 부모님을 드러나게 하는 것이 효도의 마
침이다.)' 라고 하였다. 구한말의 최익현 선생과 같은 분은 단발
령에 반발하면서 이 문장을 곧이곧대로 해석해 "모가지를 자
를지언정 머리털은 못 자른다."고 선언하기도 했다. 그러나
모가지 자르는 것과 머리털 자르는 것 두 선택이 있다면 부모
님은 자식이 어느 쪽을 선택하기를 원할까? 부모가 되어서 알
게 된 것이 자식이 다치고 아프고 할 때 그 어느 때보다 마음
이 아프고 걱정이 된다는 것이다. 그리고 자식이 칭찬을 받
고, 상 받아 오고 하면 내가 상 받은 것보다 더 신나고 기분이
좋다. 이것을 생각해 보면 신체발부를 훼손하지 않는 것이 효
도의 시작이라는 것은 효도의 가장 기본이 부모님께 걱정을
끼치지 않는 것이고, 입신양명하여 이름을 떨치는 것이 효도
의 마침이라는 것은 부모님을 즐겁게 하는 것이 제일 큰 효도
라는 것으로 이해를 할 수 있다. 직장인이라면 직장에서 인정
받고 승진하는 것이, 학생이라면 중간고사 잘 쳐서 좋은 성적
표를 받는 것이 가장 큰 어버이날 선물일 것이다.

염량세태炎凉世態

    1997년 우리나라에서는 축구 국가대표팀 차범근 감독 열풍이 일었었다. 월드컵 아시아 지역 최종 예선 일본전에서 도쿄 대첩이라고 불리는 극적인 승리를 거둔 후, 다른 나라들을 연파하면서 차 감독은 대통령 후보로까지 거론될 정도로 인기가 하늘을 찔렀다. 그때 차 감독은 경기 후 인터뷰를 할 때마다 "은총을 내려주신 하나님께 감사를 드리며…"라는 말로 시작을 했었다. 개인 자격이 아니라 대표팀 감독으로서 인터뷰를 하는 것인데, 열심히 뛴 선수들과 응원해 준 국민들을 뒤로 하고 개인의 종교적 성향을 먼저 드러내는 것은 적절하지 않은 것이었다.

    PC통신 하이텔에 막 가입했었던 나는 자유게시판에 경기에 졌을 때의 문제도 있고 하니 선수들과 국민들에 대한 격려나 감사의 말을 먼저 하는 것이 어떻겠냐는 글을 올렸었다.

다음날 하이텔에 접속을 해 보니 엄청난 양의 메일이 와 있었는데 대부분이 "네까짓 게 뭔데 우리 차 감독을 까냐? 차 감독은 지지 않아."라는 말과 함께 차마 입에 담지 못할 욕설들을 써 놓은 것이었다. 게시판을 보니 내 글이 조회 수 1위가 되어 있었는데, 게시판에도 내 글에 대한 온갖 욕설이 있었다. 아마 그때 평생 먹을 욕의 대부분을 먹지 않았나 싶을 정도로 남녀노소 다양한 사람들로부터 욕을 먹고 결국 하이텔을 탈퇴할 수밖에 없었다. 내가 하이텔을 탈퇴한 며칠 뒤 도올 김용옥 교수는 한 일간지에 '기도는 골방에서 하라셨다.'는 제목으로 차 감독이 경기 중 기도하는 것을 비판하는 글을 썼다. 당연히 대한민국에서 똑똑한 것으로 몇 손가락 안에 꼽히는 그분도 욕을 많이 먹었다.

그 정도로 국민들의 추앙을 받던 차 감독은 막상 월드컵에 나가서 멕시코에게 지고, 히딩크 감독이 이끄는 네덜란드에 5:0으로 지면서 대회 도중 경질이 되는 최악의 불명예를 안게 되었다. 이때까지의 모든 찬사가 비난으로 바뀌는 데 걸리는 시간은 얼마 되지 않았다. 이렇게 누군가에게 쉽게 열광하고, 또 금세 차갑게 돌아서는 우리나라 사람들의 속성을 비하적으로 표현할 때 '냄비 근성'이라고들 한다. '냄비 근성'이라는 말은 자기 비하적인 의미가 강하고 어감도 좋지 않기 때문에 비슷한 뜻을 가진 사자성어인 '염량세태炎凉世態'라는 말로 대체를 하는 것이 좋을 듯하다. 이 말은 뜨겁다가 차가워지는 세태, 즉 권세가 있으면 온갖 찬사를 보내다가 권세가 떨어지면 푸대접을 하는 일반적인 세태를 말하는 것이기 때문에 자기 비하적인 면은 약화된다.

우리나라 사람들은 위대함에 대한 뜨거운 열망을 가지고 있다. 그러나 맹목에 가깝게 뜨겁다 보니 실패했을 때 실망도 크게 한다. 뜨거운 열망을 가지고 있다는 것은 단결할 수 있고, 뭔가를 이루어낼 수 있는 장점이 있다는 것이다. 단 그것은 차가운 비판을 수용하고 현실을 직시할 수 있을 때 장점이 될 수 있다.

슬픔을
나누면

  '놀다' 라는 말에서 떠오르는 인상은 뛰고 움직이고 하는
매우 역동적인 것이다. 그러나 그렇게 역동적으로 노는 것은
초등학교까지이거나 중고등학교에 다니는 남학생에 해당하
는 것이다. 사람들이 실제로 노는 모습을 보면 술을 마시며
이야기를 하거나 야외에 나가 고기를 구워 먹으면서 이야기
를 하거나, 커피숍에 앉아서 수다를 떠는 것들이다. 이를 보
면 한국 사람들에게 '놀다' 라는 것의 핵심은 '신나게 움직이
는 것' 이 아니라 '즐겁게 이야기하는 것' 이다. 그래서 놀 때
는 가볍고 즐거운 이야기를 하는 것이 한국 사람들 사이에는
일종의 불문율처럼 되어 있다.
  보통 사람들은 직장 사람들과 혹은 친구들과 만나 별 뜻 없
는 가벼운 이야기를 나누며 놀면서 우울함을 해소하는데, 가
끔 자신의 우울함을 다 털어 놓으며 노는 분위기를 무겁고 불

편하게 하는 사람이 있다. 끊임없이 불평불만을 하며 그런 부정적인 자신의 생각에 공감해 주기를 원하는 사람이나 자신의 외로움을 과장하여 다른 사람이 자기에게 다가와 주기를 바라는 사람을 노는 상황에서 만나면 불편함이 앞선다. 예전에 그런 사람 중 한 명에게 이런 불편함을 직설적으로 이야기를 한 적이 있는데, 그 사람은 뜻밖이라는 표정으로 "슬픔을 나누면 반이 된다고 했잖아요."라고 답을 했다.

속담이나 격언은 옛 사람들의 경험과 지혜가 압축된 것이지만 그것이 모든 상황에 맞는 절대적인 진리는 아니다. 어떤 경우에는 '오르지 못할 나무는 쳐다보지도 말라'고 일찍 포기하기를 권하는 사람이 있는가 하면 '열 번 찍어 안 넘어가는 나무 없다'고 끝까지 도전해 보라고 권하는 모순이 생기기도 한다. 아는 것이 '힘'이 되기도 하고 '병'이 되기도 한다. '인생은 짧고 예술은 길다'고 하지만 '길고 짧은 것은 대 봐야 안다'고도 한다. 이처럼 속담이나 격언은 상황에 대처하는 참고 자료는 될 수 있지만 우리가 반드시 따라야 하는 규율은 아닌 것이다.

이전의 이야기로 돌아가 보면 '슬픔을 나누면 반'이 되는 상황은 분명히 있다. 자신을 이해해 줄 수 있는 가족이나 친한 친구, 상담 전문가에게 이야기를 하면 슬픔이 반이 된다. 그러나 노는 상황에서 슬픔이 반이 되었다고 생각한다면 그것은 남들에게 몇 배의 슬픔과 짜증을 던져준 결과일 것이다. '기쁨을 나누면 배가 된다.' 는 것도 마찬가지다. 진짜 같이 기뻐해 줄 수 있는 사람에게라면 기쁨은 커질 수 있다. 그러나 고시 합격의 기쁨을 떨어진 다른 친구들과 함께 하려고 하면 원한을 살 수도 있으니 조심해야 한다. 물론 이때도 기쁨이 두 배가 되었다면 그것은 다른 사람들로부터 기쁨을 빼앗았기 때문일 것이다.

똑같은 말을 한다 하더라도 그것이 어떤 상황에서 나오느냐에 따라 의미나 효과는 크게 달라진다. 어떤 말이 상황에 맞는 말인지에 대해서 속담이나 격언은 답을 주지 않는다. 그에 대한 판단은 사람들과 끊임없이 소통하면서 통찰하는 방법밖에 없다.

이상함과
독특함

현명한 로마의 황제로 알려진 마르쿠스 아우렐리우스가 게르만 족을 정벌하러 갔을 때 크나큰 실패를 겪었던 적이 있다. 로마 황제는 굶주린 사자들을 풀어 적을 섬멸하려고 했다. 사자를 처음 본 게르만 족들은 정체를 몰라 어리둥절하고 있었는데, 게르만 족의 장군은 "저건 로마의 개다."라고 외쳤다. 그 말을 들은 게르만 족들은 사자들을 그야말로 '개 패듯이' 두들겨서 잡았다고 한다. 게르만 인들이 무시무시한 사자를 '개'로 규정함으로써 두려움 없이 대했다는 것은 언어가 대상을 인식하는 틀인 동시에 심리적 태도까지 결정하는 힘을 가지고 있다는 것을 보여준다.

이것은 역사적인 예를 들지 않더라도 일상생활에서 쉽게 확인할 수 있다. 보통 한 학급에는 말하고 행동하는 것이 남들과 두드러지게 다른 학생이 한두 명이 있다. 이 아이에 대해서 어떤 반에서는 '이상한' 아이라고 하고, 어떤 반에서는 '독특한' 아이라고 부른다. '이상한' 아이라고 부르는 반에서는 다른 아이들이 그 아이를 놀리고 따돌리는 것에 대해 전혀 죄책감을 느끼지 않는다. '이상하다'는 것이 따돌림을 당하는 충분한 이유가 된다는 생각을 하기 때문이다. 그러나 '독특한' 아이라고 부르는 반에서는 그 아이를 인정해 주고, 더 나가서 지금은 나타나지 않지만 보통의 아이들보다 뛰어난 무엇인가가 있을지 모른다는 생각을 하게 된다. 특히나 초등학교 교실에서 뜬금없는 질문을 하는 아이 보고 교사가 "넌 참 이상하구나."라고 말하는 것은 학생들에게 대놓고 '저 아이는 왕따를 시켜도 된다.'는 말과 비슷한 의미를 가질 수도 있기 때문에 교사들은 항상 조심해야 하는 것이다.

우리가 사회 문제에 대해 어떤 입장을 취할 때도 이와 비슷한 경우들이 있다. 정부에서 친정부적인 인사들을 공직에 대거 발탁을 했을 때, '국정 철학의 공유를 중시한 인사'로 말할 수도 있고, '코드 인사'라고 말할 수도 있다. 이것은 똑같은 현상에 대해 표현만 달리 한 것이다. 그럼에도 불구하고 이 둘의 차이는 이승과 저승만큼이나 멀다. 사실 조직의 목표를 달성하기 위한 최선의 인사는 인사권자와 마음이 맞고 인사권자가 믿을 수 있는 사람을 등용하는 것이다. 그런데 이것을 '코드 인사'로 규정하면 인사권자는 조직의 목표보다 사리사욕에 집착하는 것처럼 느껴진다. 정부의 인사 문제에 대해 별 생각이 없던 사람들도 그렇게 규정하는 순간 비판적 입장은 확고해진다.(참여 정부가 이 말로 언론들로부터 참 집요한 공격을 당했었는데, 이후 정부의 모습을 보면 참 공정한 인사를 했다는 생각이 든다.)

우리가 세상을 보다 정확하게 보기 위해서는 다른 사람이 규정한 말의 굴레에서 벗어나 스스로의 통찰을 통한 규정이 필요하다. 이때 그 방향은 사자를 두려워하지 않고 싸울 수 있는 용기를 가지는 방향이거나 '독특함'을 인정해 줄 수 있는 올바른 방향이어야 할 것이다.

작심삼일作心三日과
삼년고개 이야기

　새해가 되면 새삼스레 안 하던 계획을 세우게 된다. 올해는 기필코 운동을 열심히 해서 비만에서 벗어나야지, 야구 레슨도 제대로 좀 받아서 올해는 사회인야구 리그에서 안타 좀 쳐봐야지, 뭐 이런저런 계획들은 많이 세우지만 대부분은 작심삼일作心三日로 끝이 난다. 올해를 시작하면서 어차피 작심삼일이 될 목표를 세워야 할까 하는 생각을 하다가 문득 예전 교과서에도 나왔었고, 우리 아이에게 읽어주던 동화책에도 나온 '삼년고개 이야기' 가 생각이 났다. 기억을 환기하는 차원에서 다시 들려준다면 이런 내용이다.

　옛날 경상도 어디에 가파르고 험하기로 유명한 삼 년 고개가 있었는데, 왜 삼 년 고개냐 하면 예로부터 이곳에서 넘어지면 삼 년밖에 못 산다는 말이 있었기 때문이다. 어느 날 이 고개를 넘어 귀가를 하던 김 생원이 실수로 그만 넘어지고 말았다. 이제 삼 년밖에 못 살 거라고 크게 낙담한 김 생원의 병을 어떤 의원도 고치지를 못하고, 김 생원은 시름시름 죽어가게 된다. 그것을 본 한 의원은(혹은 의원이 부리는 어린 아이라고 하는 이야기도 많다.) 그 고개에 가서 여러 번 더 넘어지면 넘어진 만큼 더 살 수 있다는 계책을 내놓았다. 김 생원은 과연 그렇겠다고 여겨 다시 삼 년 고개로 가서 몸을 마구 굴리며 빌었다. 그러자 공중에서 "걱정마라. 동방삭도 여기서 천 번을 굴렀다."라는 말이 들렸다. 김 생원은 감사하며 오래오래 잘 살았다고 한다.

상식적인 차원에서 보자면 삼 년 고개로 불린 이유는 아마 가파르고 험하다는 것과 관련이 있을 것이다. 그런 곳에서 넘어졌다고 하면 허리디스크나 뇌진탕, 골절과 같은(옛날의 의학 기술로는) 치명적인 부상을 당할 것이기 때문에 삼 년을 못 넘긴다고 한 것이라고 추측해 볼 수 있다. 그런데 이야기가 전해지면서 삼 년밖에 못 산다는 것이 하나의 고정관념이 되었다고 할 수 있다. 이 이야기는 그런 고정관념을 역으로 이용하는 발상을 보여준다. 삼 년밖에 못 산다는 것을 뒤집어 생각해 삼 년은 보장된다로 이해한 것이다. 사실 그 험한 고개에서 구르면 구를수록 더 오래 사는 것이 아니라 더 빨리 죽을 것이지만 발상의 전환을 강조하는 이야기로 만들어진 것이다.

'삼년고개 이야기'를 생각해 보면 작심삼일이라는 말에 대해서도 새롭게 볼 수 있다. 작심한 것이 3일밖에 못 간다고 생각할 수도 있지만, 바꾸어 생각해 보면 작심한 것을 3일은 실천한다는 것이 될 수 있다. 그래서 나도 올해에는 새해 계획을 세우지 않기로 했다. 대신 3일마다 작심을 하면 되지 않을까?

빌리다

  '빌리다'를 사전에서 찾아보면 '남의 물건이나 돈 따위를 나중에 도로 돌려주거나 대가를 갚기로 하고 얼마 동안 쓰다.'라는 설명이 붙어 있다. 의미가 추상적인 것으로 확장이 되면 '지혜를 빌리다, 일손을 빌리다.'와 같이 '남의 도움을 받거나 사람이나 물건 따위를 믿고 기대다.'의 의미로 사용되기도 하고, 인사말에서 흔히 쓰는 '이 자리를 빌려'와 같이 '일정한 형식이나 이론, 또는 남의 말이나 글 따위를 취하여 따르다.'의 의미로 사용되기도 한다.(흔히 '이 자리를 빌어'라고 하는데 이것은 잘못된 표현이다. 이때 사용하는 '빌다'는 '양식을 빌다'와 같이 '남의 물건을 공짜로 달라고 하여 얻다.'의 뜻이다.) 빌렸으면 빌린 것을 소중하게 다루다 돌려주어야 하고, 빌려 준 사람에게 미안하고 고마운 감정을 갖는 것은 지극히 상식적인 것이다. 그러나 세상에는 누구나 다 아는 이 쉬운 말인 '빌리다'를 잘못 사용하여 생기는 문제들이 의외로 많다.

학교에서 약한 아이들에게서 금품을 빼앗은 가해자들에게 왜 그랬느냐고 물어보면 대부분의 가해 학생들은 "빌린 건데요" 이렇게 대답을 한다. 가해 학생의 학부모들은 아이의 말만 믿고, '애들 사이에 돈 좀 빌릴 수도 있는 건데, 이게 무슨 학교 폭력이냐'고 항변을 한다. 그러나 실제 빌렸다는 상황을 보면 "야, 돈 좀 빌려 줘" "어, 없는데" "그럼 있으면 10원 나올 때마다 한 대씩 맞는다." 이런 식이다. 가해 학생들이 돌려줄 것에 대한 약속도 하지 않을뿐더러 돌려줄 생각도 없으면서 '빌려 달라'고 한 것은 문제가 생겼을 때 빠져나가기 위한 좋은 방법이라는 것을 어릴 때부터 경험해 왔기 때문이다.

이곡의 〈차마설〉이나 이강백의 희곡 〈결혼〉에서는 '빌리다'의 의미를 철학적인 차원에서 이야기를 한다. 이 작품들에서는 우리가 소유하고 있는 모든 것들-돈이나 권력뿐만 아니라 심지어 목숨마저도 영원히 가져가는 것이 아니라 언젠가는 원래대로 돌려주어야 한다는 점에서 잠시 빌린 것이라는 생각을 보여주고 있다.

역사를 살펴보면 우리가 존경할 만한 인물들은 모두 자기가 빌린 것을 잘 알고 있었던 인물이었다. 김수환 추기경은 나라를 좌우할 수 있는 힘을 가지게 되어도 그것을 자신에게 빌려 준 사람들을 위해 올바르게 쓰고, 그대로 돌려주었기에

길이 존경을 받는다. 대구대 설립자 이영식 박사는 죽을 고비를 넘기고 덤으로 받은 목숨을 가장 낮은 곳의 사람들을 위해 열심히 살다 가셨다. 그러나 현재 누리고 있는 '갑'의 위력이 다른 사람의 권력인 줄도 모르고, 그것도 5년 뒤에 반납해야 하는 잠깐 빌려 온 것인 줄도 모르고, 영원히 자기 것인 양 착각 속에 남용을 하는 사람들의 말로는 비참할 수밖에 없다. 우리 속담에 '정승 말이 죽으면 문상 가도 정승 죽으면 안 간다' 는 말이 있다. 권력이라는 것이 바로 그런 것이다.

새로움에 대한 강박

어떤 조직의 책임자가 바뀌면 구성원들에게 '새로움'을 강조하며, 있던 체제를 바꿔 보려고 한다. 여기에서 사용하는 '새롭다'는 말은 이전보다 나은 무엇, 현재보다 진보된 것을 말하는 것으로 사용하지만 진짜 새로운 것은 사람들이 한 번도 본 적이 없는 것이기 때문에 그 실체는 모호한 경우가 많다.

'새롭다'라는 말은 관형사 '새'에서 온 것인데, '새'라는 말에는 '새 기술'처럼 '지금까지 있은 적이 없는 것', '새 학기'처럼 '다시 시작하는 것', '새 옷'처럼 '사용한 지 얼마 되지 않은 것'(군대에서 쓰는 말로 A급)의 의미가 담겨 있다. 조직의 책임자들이나 정치인들은 당연히 첫 번째의 의미로 사용을 한다. 그래서 지금까지 있는 것은 몰아내야 할 구태이고, 새로운 것은 옳다는 이분법적인 구도로 이야기를 하는 경우가 많다. 그런데 지금까지 있은 적이 없는 새로운 생각은 천재들만이 내놓을 수 있는 것이고, 보통 사람들은 그러한 천재의 생각을 따라가기가 어렵기 때문에 폐기되는 경우가 많았다. 또한 새로움이 인정받기 위해서는 다른 여건이 성숙되어야 한다. 한 예로 1980년대에 스마트폰을 개발하였다면 어떻게 되었을까? 아마 크게 유용하지도 않은, 비싸고 신기한 장난감으로 기억되며 세상에 묻혔을 것이다.

자연과학 분야에서는 새로운 생각이 시일이 좀 걸리기는 하지만 자연과학적인 검증 절차를 통해 인정을 받을 수 있다. 그러나 인간 사회의 제도는 엄밀하게 말해서 완전히 새로운 것이 존재하기 어려우며, 새롭다는 것이 '올바르다'는 것을 보장하지는 않는다. 정권이 바뀌거나 교육의 수장이 바뀔 때마다 새로움을 추구한다고 교육 제도는 많이 바뀌었지만 딱히 이전보다 낫다는 생각이 들지 않는 것도 그 때문이다. 새로운 것이 옳다는 것으로 인정되면 사람들은 새로운 것을 자연스럽게 따라간다. 그런데 새로움을 추구하는 사람들은 보이지 않는 이상을 쫓아가며, 사람들에게 익숙한 것을 버리라고 요구하기 때문에 처음엔 신선하게 느낄지 몰라도 차츰 피로감을 느끼게 된다. 반대로 그 사람들은 '네가 말한 새로움이 고작 이것이냐'는 비난에 대한 강박에 늘 시달리기 때문에 자신마저 피로하게 된다.

요즘 교육계에서는 '거꾸로 교실', '배움의 공동체', '하브루타' 수업과 같은 새로운 방식의 수업에 대한 연수가 참 많다. 연구 강사의 강의를 듣고 있으면 나같이 분필 하나 들고 수업을 하는 교사는 마땅히 퇴출되어야 할 사람처럼 느껴지기도 한다. 그렇지만 새로운 방식의 수업에 대한 강의는 성공적인 수업에 대한 것만을 모아서 보여주기 때문에 실제 그 수업을 받은 학생들의 학력이나 인성이 나아졌는지에 대해서는 명확히 검증하기 어렵다. 그리고 결정적으로 그 방법들이 새로운 것도 아니다. 예전에 능인고의 경우 공부 못하기로 유명한 학교였지만, 평준화가 되면서 우수한 학생들이 들어왔었다.(주호영 국회의원이나 배상철 한양대 류머티스 병원장과 같은 분들이 평준화 1기이다.) 이때 선배들은 늘 문제아들만 가르쳐 왔던 선생님들이 우수한 학생들의 요구에 답하지 못하자 학생들끼리 서로 가르치고 배웠다고 한다. 따지고 보면 이게 거꾸로 수업이고 배움의 공동체였던 것이다.

우리 속담에 '새 도랑 내지 말고 옛 도랑 메우지 말라'는 말이 있다. 자꾸 옛것을 버리고 새로운 것을 시도하기보다는 있는 것을 똑바로 제대로 하는 데 힘을 쏟으라는 이야기다. 칼 포퍼가 《열린 사회와 그 적들》이라는 책에서 '보이지 않는 선善을 추구하기보다 보이는 악惡을 제거하라.'고 이야기한 것도 비슷한 맥락이라고 할 수 있다.

신경숙 사태와
평론가들의 역할

우리 문화계에서 큰 이야깃거리로 신경숙 작가의 표절 문제가 있었다. 이름만으로도 베스트셀러를 만들어 낼 수 있는 몇 안 되는 작가였기 때문에 그의 문학을 사랑하는 팬들이 받은 충격은 컸다. 전후 상황을 보면 글 전체의 흐름에서 큰 영향을 미치지 않는 한 단락이 일본 작가의 소설과 일치하는 것이기 때문에, 신경숙 작가가 책을 읽으면서 마음에 드는 표현들을 기억해 두었던 것을 특정 상황을 표현하면서 무의식적으로 사용했을 가능성이 높다.(어떤 사람은 댓글로 명백하게 표절한 것을 가지고 무의식적으로 사용했을 가능성이 높다는 것이 말이 되냐, 소설을 읽어 보고 하는 이야기냐, 신경숙한테 잘 보일 일 있냐고 신랄하게 비판을 했지만, 나도 여러 사람들이 보는 글을 쓰는 입장에 있고, 인간에 대한 믿음에서 하는 말이다.)

이것이 표절인가에 대한 논쟁은 20여 년 전에 이인화 씨가

〈내가 누구인지 말할 수 있는 자는 누구인가〉라는 작품으로 세계문학상을 받았을 때 매우 흥미롭게 진행되었었다. 이인화 씨는 그때 '혼성 모방'이라는 개념을 들어 자기 방어를 했었다. 혼성 모방이라는 것은 여기저기서 따온 문장들을 짜깁기하여 한 편의 글을 만드는 것이다. 이것은 원작의 존재를 알 수 있게 하면서 원작이 가진 근엄함을 비트는 패러디와는 달리, 원작의 존재를 알리지 않는 방법이다. 세상에 완전히 새로운 것은 존재하지 않는다. 그러므로 이 방법은 하나의 창작법이 될 수 있다는 논리였지만, 표절을 합리화한다는 엄청난 비난을 받았었다.

이때는 문학에 대한 관심이 많았던 시기이다 보니 불필요한 표절 논란도 많았다. 어느 문장이 표절이다, 소재가 비슷하다, 심지어 무라카미 하루키와 문체가 비슷하다는 문제 제기도 있었다. 표절 문제는 논란이 된다는 자체만으로도 작가에게는 큰 타격이 되는 것이었기 때문에, 건전한 토론보다는 감정싸움으로 진행되는 경우가 많았다. 표절에 대한 논란이 그런 성격을 가지고 있다 보니 자연히 평론가들은 학연을 가지고 있거나 이런저런 모임에서 얼굴을 익히고, 술자리로 같이 하는 그룹의 사람들에게는 관대하고, 자기 그룹이 아닌 사람들에게는 작은 꼬투리를 잡아서 가혹하게 평을 했다. 비평계의 그런 소모적인 논란은 영상에 밀려 방향을 잡지 못하고 있던 한국 문학의 몰락을 가속화했다. 그래서 이상문학상에 대한 관심이 노벨문학상보다 더 컸던 때가 있었고, 이상문학상 수상 작품집은 발간되자마자 최고의 베스트셀러가 되던 시절은 이제 호랑이 담배 피우던 시절과 맞먹는 이야기가 되었다.

문학이 몰락하는 시대에 자기들끼리 그렇게 싸워봤자 이젠 아무도 주목하는 이가 없다는 것을 깨닫게 되면서 평론가들은 꼬투리 잡기 식의 표절 논란을 자제해 왔었다. 그런데 신경숙 작가의 문제가 대중적으로 큰 문제가 되자, 평론가들은 자성을 한다면서 '주례사처럼 칭찬만 하는 비평이 문제다.', '비평의 무기력을 극복해야 한다.'는 말과, 서울대 중심의 문학 권력이 문제라는 이야기를 한다.(신경숙 작가나 남편인 남진우 교수가 서울대 출신도 아닌데, 왜 거기에 서울대를 갖다 붙이는지는 모르겠지만) 이 말들을 들으면 지금까지는 힘 있는 서울대 출신들에게 눌려 왔었는데, 이제는 그런 것 생각 않고 작가들을 더 혹독하게(속된 말로) 까겠다는 선언처럼 느껴진다. 그러나 작품에 대한 호불호는 주관적이기 때문에 평론가들이 자신들의 입맛에 맞지 않는다고 작품에 혹평을 하는 것은 작가와 문학계에 악영향을 미칠 수 있다.

내가 정기구독하고 있는 잡지 '시사 인'에는 격주로 영화 평론가인 김세윤 씨의 칼럼이 나온다. 영화를 새로운 시각으로, 재미있게 보는 방법을 알려주는 그 칼럼을 읽고 있으면 안 본 영화는 정말로 재미있을 것 같고, 꼭 한 번 봐야겠다는 생각을 하게 된다. 보고 실망했었던 영화도 그 칼럼을 읽고 나면 새로운 재미가 생긴다. 어떤 때는 영화보다 영화 평론이 더 재미있을 때도 있다. 우리 문학 평론가들도 심판자의 역할을 하려고 하기 보다는, 김세윤 씨의 영화 평론처럼 대중들이 보다 친근하게 우리 문학에 접근할 수 있도록 해 주는 안내자 역할을 하는 것에 대해 좀 더 고민했으면 한다.

정신 승리

심리학을 배울 때 가장 기초적인 지식으로 배우는 것 중 하나가 '방어 기제'라는 것이다. 이것은 프로이트가 '방어의 신경정신학'이라는 논문에서 사용한 말로, 스트레스를 받을 때 사람들이 자신의 정신을 방어하기 위해 무의식적으로 자신을 속이거나 상황을 다르게 해석하여, 감정적 상처로부터 자신을 보호하는 것을 말한다. 방어 기제 중에는 스트레스가 되는 상황을 거부하는 부정, 생각나지 않도록 하는 억압, 다른 사람이나 환경의 탓을 하는 투사, 사회가 허용하는 방식으로 표출하는 승화 등이 있다. 그리고 상황을 그럴 듯하게 꾸미고, 사실과 다르게 인식하여 자신을 정당화하는 합리화도 있다. 그 중 합리화는 그럴 듯한 논리를 만듦으로써 자존심에 손상이 가는 것을 막고, 죄책감을 피해갈 수 있을 뿐만 아니라 자기 나름의 만족감까지 얻을 수 있다. 백석 시인의 시를 읽다 보면 세상과 화합하지 못하는 자신을 표현한 부분들이 많은데, "산골로 가는 것은 세상한테 지는 것이 아니다 / 세상 같은 건 더러워 버리는 것이다"(《나와 나타샤와 흰 당나귀》), "눈질을 하며 주먹질을 하며 이런 글자들이 지나간다 / ―하늘이 이 세상을 내일 적에 그가 가장 귀해하고 사랑하는 것들은 모두 / 가난하고 외롭고 높고 쓸쓸하니 그리고 언제나 넘치는 사랑과 슬픔 속에 살도록 만드신 것이다"(《흰 바람벽이 있어》)와 같은 표현을 통해서 시인은 세상에 패배한 것이 아니라고 생각을 한다. 이렇게 합리화를 통해 위안을 얻으려고 하는 것을 요즘에는 '정신 승리'라는 표현을 흔히 쓴다.

'정신 승리'라는 말은 원래 중국의 대문호인 노신魯迅이 쓴 '아큐정전'에 나오는 매우 부정적으로 사용되는 말이다. 이 소설에서 주인공 아큐는 동네 사람들에게 놀림 받고, 얻어맞으면서도 독특한 방법으로 자신의 상황을 극복한다.

동네 건달들은 아큐를 볼 때마다 "야아, 반짝반짝해졌는걸! 이제 보니 등잔이 여기 있었군."하고, 그의 머리를 쿵쿵 쥐어박곤 했다. 그들은 아큐가 단단히 혼쭐이 났으리라고 생각했지만, 아큐는 십 초도 안 되어서 승리감으로 의기양양해졌다. 자신을 짐짓 벌레처럼 하찮은 존재로 생각해 버리는 것이었다. 그렇게 되면 건달들은 결국 벌레를 곯려 준 꼴이 되는 것이니까.

'네놈 따위가 뭐야. 나는 버러지야, 버러지라구.'

아큐는 자신을 경멸할 수 있는 첫 번째 사람은 바로 자기 자신이라고 생각했다. 거기에서 자신을 경멸한다는 말을 빼 버린다면 남는 것은 '첫 번째 사람'이라는 것뿐이었다. 어디에서든 '첫 번째'는 좋은 것이었다. 이렇게 묘한 방법으로 승리를 하고 나면 아큐는 금방 기분이 좋아졌다.

-〈아큐정전〉 중에서

이 소설에 나오는 아큐는 서구 열강의 침략에 무기력하게 당하고 있으면서 중화사상이라는 자존심만 가지고 있었던 당시의 중국을 우의적으로 표현한 것이라고 할 수 있다. 승리할 수 있는 방법은 모색해 보지도 않고, 치욕적인 현실을 바꾸기가 어렵다고 포기하면서, 그렇다고 해서 패배를 인정하기는 죽어도 싫어했던 당시 중국 민중들의 모습을 아큐라는 인물로 표현한 것이다. 한편으로는 자기 변화, 자기 혁신 없는 정신 승리는 무의미하다는 것을 보여주는 것이기도 하다.

주변에서 좋은 대학을 가고 싶지만 성적은 잘 나오지 않는 학생, 좋은 직장에 취직하고 싶지만 계속 떨어지는 취업 준비생, 야당 지지자들을 보면 안쓰러운 마음이 앞선다. 그렇지만 그럴 때일수록 정신 승리의 유혹에 빠지지 말고 자기 변화를 통해 진짜 승리할 수 있는 길을 찾는 것이 필요할 것이다.

꽃과 말

내가 그의 이름을 불러 주기 전에는
그는 다만 하나의 몸짓에 지나지 않았다.

내가 그의 이름을 불러 주었을 때,
그는 나에게로 와서
꽃이 되었다.

- 김춘수, 〈꽃〉 중에서

예전에 학교에서는 학기 초에 교우도 조사라는 것을 했다. 자기가 좋아하는 친구 3명, 싫어하는 친구 3명을 적어서 내면 교사들은 선택과 배척으로 나누어진 축에 설문조사 내용을 기입해서 통계를 냈다. 선택이 많으면 인기 학생, 선택도 많지만 배척도 약간 있으면 리더형 학생으로 파악하고, 배척이 많거나 선택도 배척도 없는 학생의 경우는 요주의 학생으로 파악하는 식이었다. 교직 첫해 학생부 기획을 하면서 학교 전체 통계를 내면서 요주의 학생들의 면면을 보면서 나는 상당히 충격을 받았다. 그러면서 들었던 생각은 이 조사가 학생들의 실태를 파악하는 것이 아니라 학생들 서로에게 상처를 주는 비교육적인 일이라는 것이다. 보통 반에서 선택은 한 명이 많아도 10표를 넘지 않지만, 배척은 한두 명의 학생이 몰표를 받았다. 그런데 배척을 받은 학생들은 대부분 다른 학생들을 괴롭히거나 하는 나쁜 학생들이 아니었다. 그저 눈치가 좀 없고, 선생님들에게 조금 더 인정받으려고 잘 나서는 그런 학생들이었다. 좋게 보면 사회성은 부족하지만 열심히 하려고 하는 학생들이고, 나쁘게 보면 너무 설친다거나 잘난 척 한다거나 하는 느낌을 갖게 하는 그런 류의 학생들이다. 그런데 교우도 조사를 하면서 '나는 저 친구를 싫어한다.' 라고 적는 순간 여러 가지로 뒤엉켜 있고, 막연한 상태에 있던 생각은 하나의 확정적인 생각으로 굳어지게 된다. 친구가 발표를 하려고 하면 '열심히 하는구나.' 가 아니라 '쟤 또 나서네.' 라는 생각을 먼저 하게 되고, 그런 생각을 하는 학생들끼리 서로 의견을 교환하면서 자연스럽게 왕따 시키는 분위기를 만들어 내는 것이다.

서두에 써 놓은 김춘수 시인의 〈꽃〉은 바로 이런 말이 가진 확정의 힘을 보여준다. '꽃'이라고 부르기 전, 즉 언어로 확정을 하기 전에는 모든 존재들은 하나의 몸짓과 같이 확정되지 못하고 막연한 상태에 있다. 그러나 이름을 부르는 행위, 즉 언어로 표현을 하는 순간 구체적인 모습을 가지며, 호불호의 감정을 유발하는 존재인 '꽃'이 되는 것이다. 만약 교우도 조사를 하면서 좋아하는 친구 3명, 싫어하는 친구 3명이 아니라, 좋아하는 친구를 있는 대로 써 보라고 했으면 교실의 모습은 상당히 달라졌을 것이다. 별로 친하지는 않지만 친하게 지냈으면 하는 친구들도 '나는 저 친구를 좋아한다.'라고 적는 순간 또 다른 관계가 만들어지기 때문이다.

만으로 40세가 되던 해에 받았던 생애 전환기 검진이라는 것을 받으면서 문진표의 문항을 보면서 착잡했던 적이 있다. '모든 일이 괴롭고 귀찮게 느껴진다.', '지금까지의 삶이 무의미하게 느껴진다.', '홀로 있다는 생각을 자주 하게 된다.'와 같은 물음을 계속 듣다 보니, 다 해당되는 것 같기도 했다. 그렇지만 '예'에다가 체크를 하는 순간 조금 돋아난 그 생각이 앞으로의 나를 완전히 지배할 것 같아서 '아니오'에 체크를 했다. 그러자 조금은 덜 우울해지는 것도 같았다. 조금 더 긍정적인 말을 하고, 나쁜 것을 단정해서 말하지 않는 것이 올바르게 살아가는 가장 좋은 방법일 것이다.

신화의 세계

예전 시골에는 집안 대대로 내려오는 물건들이 하나쯤 있었다. 조상의 위패를 모신 신주 단지 같은 것들도 있지만, 때로는 몽당 빗자루 같은 하찮은 물건들도 있었다. 그런 걸 보면서 어린 손주들은 할머니들에게 묻는다.

"할매, 저건 먼데 저래 모시 놨노?"

그러면 할머니들은 눈이 반짝 빛나면서 신나게 말씀을 한다.

"저기 느그 5대조 할아버지가 잡아 온 도깨비 아이가. 그분이 군에서도 몇 손가락 안에 드는 장사라 카데. 아매 소도 맨손으로 때리잡을 정도로 엄청시리 힘이 셌다 카제."

그러면서 하는 이야기들은 대부분 힘이 장사인 할아버지가 장에 가서 아이들 줄 엿 사고, 사람들하고 술도 한잔 해서 기분 좋게 집으로 돌아오는데, 마을 어귀 행상집(상여를 두는 창고)

부근에서 도깨비를 만났다는 것이다. 도깨비가 "엿 하나 주면 고이 보내 주지."라고 말하니까 할아버지가 "택도 없는 소리 하지 마라. 함 붙어보자." 해서 도깨비와 씨름을 했는데, 결국 천하장사 할아버지가 도깨비를 업어치고, 메치고 해서 초죽음을 만들어서 집으로 끌고 와서 기둥에다 묶어 두고 한숨 잤는데, 다음날 아침에 보니 저 몽당빗자루였다는 그런 이야기들이다.

그 이야기를 들으면서 성장한 아이들의 가슴에는 도깨비도 때려잡는 아주 힘센, 자식을 위해서는 엿 하나도 뺏기지 않는 자랑스러운 할아버지의 후손이라는 긍지와 자부심이 자라났다. 그리고 촌수로는 열 촌도 넘어가는 먼 친척이라 하더라도 우리는 다 같은 할아버지의 자손이라는 끈끈한 공동체적인 유대감이 있었다. 그 이야기를 듣고 자란 손주들이 할아버지 할머니가 되고, 다시 손주들에게 이야기를 전해 주는 동안 이야기는 점점 더 커지고 신성한 성격을 띠게 된다. 이렇게 이어져 온 것이 바로 신화이다.

신화라고 하면 단군 신화밖에 없다고 생각하기 쉽지만, 우리나라에는 단군 신화나 동명왕 신화, 혁거세 신화와 같은 우리나라, 우리 민족의 존재를 설명하는 것부터, 인간과 세계의 존재를 설명하는 창세 신화, 앞에서 이야기한 것과 같이 집안의 내력을 설명하는 신화, 전 세계를 돌아다니며 맞짱을 뜨고 다녔는데 한 번도 진 적이 없다는 큰형님에 대한 조직의 신화 등 다양한 층위의 신화들이 있다. 이런 신화들은 비과학적이라고 할 수도 있지만, 원래 그렇게 비과학적이기 때문에 과학적인 검증을 통해서 뒤엎을 수 없는 절대적인 성질을 가지게 되는 것이다. 이것은 오래된 민족, 국가, 집단에서만 가질 수 있는 특권이라고 할 수 있다.

그런데 어느 날 손주들이 할머니의 이야기를 듣다가 "에이, 할머니. 할아버지가 술 취해서 헛것을 본 거겠죠. 세상에 도깨비가 어디 있어요? 난 또 뭐 대단한 건 줄 알았네."라고 말하는 순간이 올 수 있다. 그 순간 도깨비를 때려잡았던 천하장사 할아버지는 술주정뱅이에 허풍쟁이가 되고, 할아버지의 존재를 증명했던, 우리 집안을 상징하는 위대한 전리품이었던 몽당빗자루는 아무짝에도 쓸모없는 쓰레기로 전락을 하게 된다. 바로 신화의 세계가 깨지는 것이다. 신화가 깨지는 순간 같은 할아버지의 자손이라는 생각으로 끈끈하게 유지되어 왔던 공동체도 무너진다. '우리 할아버지'에 대한 긍지와 자부심은 사라지고 머리로만 차갑게 역사를 배우는 현재의 모습만 남게 된다.

일연 스님은《삼국유사》서문에서 성인들이 괴력난신怪力亂神은 이야기하지 않았지만, 중국의 제왕들이 대업을 이룰 때는 신비로운 일이 일어났는데, 우리나라 역시 그런 신비스러

운 일이 일어났기 때문에 신비스러운 일을 다룬 기이奇異편을
첫머리에 둔다고 밝히고 있다. 어떤 사람들은 《삼국유사》가
황당무계한 이야기들을 담고 있어서 역사적 가치가 적다고
하지만, 깨지면 안 되는 유구한 우리 민족의 신화를 담고 있
다는 점에서 그 가치가 결코 떨어진다고 할 수는 없다.

임금님 귀는
당나귀 귀

우리 가족은 서울 도심을 돌아보는 여행을 한 적이 있었다. 아이들이 서울시청 광장에서 스케이트를 타고 싶다고 해서 그곳으로 갔었는데, 주변에는 세월호 유족들이 추운 날에도 불구하고 농성을 하고 있었고, 또 보수 단체들의 농성 천막도 있었다. 그리고 시청 주변으로는 박원순 시장을 비난하는, 혹은 억울함을 하소연하는 플래카드들이 빽빽하게 걸려 있었는데, 그것을 보고 초등학교 6학년인 아들이 나에게 물었다.

"아빠, 박원순 시장님은 무슨 잘못을 많이 했나 봐요? 사람들이 불만이 많은 것 같아요."

"음, 저걸 꼭 시장님이 잘못한 거라고 보기는 어려워. 말하자면 이런 거야. 30명 있는 너희 반에서 체험학습 장소 하나를 정하는 데도 모두가 만족하는 것은 아니지 않니? 당연히 천만 명이 넘는 사람이 있는 데서는 어떤 정책으로 불만을 가진 사람도 있을 것이고, 억울한 사람도 많이 있을 거야. 중요한 건 그 사람들이 저렇게 시장님한테 말을 자유롭게 할 수 있다는 것이야. 그러니까 저런 플래카드를 힘으로 막지 않고 그대로 두는 것은 시장님의 생각이 아직 건강하다는 증거가 될 수도 있지. 권력자들의 생각이 건강하지 못한 사회에서는 표현의 자유를 억누르려고 하지만, 그게 억누르려고 한다고 해서 억눌려지는 것은 아니야."

"아하, 방금 생각났는데, '임금님 귀는 당나귀 귀' 이야기가 그리스 신화에도 나오고, 삼국유사에도 나오는 이유가 사람이라면 누구나 그런 생각을 가지고 있어서가 아닐까요?"

"그렇지. 너 혹시 《삼국유사》에 나오는 당나귀 귀를 가진 왕이 어떤 사람이었는지 기억나니?"

"경문왕 말인가요? 밤마다 뱀들이 침실에 몰려오고, 뱀을 이불처럼 덮고 자던 왕이었잖아요. 사람들이 뱀을 쫓아내려고 하니까, 뱀이 없으면 잠을 못 잔다고 그랬어요. 아, 그리고 왕이 되는 과정도 재미있었어요. 이전 왕(헌안왕)이 경문왕의 인품에 감동해서 공주를 시집보내려고 할 때, 경문왕은 못 생긴 첫째 공주와 자기가 좋아하는 예쁜 둘째 공주 중에 못 생긴 공주를 택하잖아요. 그래서 나중에 왕이 죽자 맏사위라서 왕위에 오르고, 예쁜 둘째 공주도 왕비로 삼잖아요."

"잘 아는구나. 나중에 삼국유사 골든벨에 나가도 되겠는걸.

그런데 경문왕은 진짜로 뱀들이 우글거리는 방에서 혼자 잤을까?"

"그러기는 힘들 것 같아요. 그럼 혹시 밤마다 몰려오던 뱀이 그냥 뱀이 아니라 호위무사 같은 걸 비유해서 말하는 걸까요?"

"그럴 가능성이 높아. 경문왕은 43대 희강왕의 손자인데, 희강왕은 민애왕이 반란을 일으키자 자살을 했다고 하지. 43대 왕의 손자가 48대 왕이니 그 중간에 얼마나 많이 반란이 일어나서 왕이 바뀌었는지 짐작이 가지? 아마 경문왕도 조그만 꼬투리도 반란의 빌미가 된다는 것을 어려서부터 보아왔겠지. 그리고 아버지로부터 물려받은 왕의 자리도 아니니, 다른 귀족들이 호시탐탐 왕의 자리를 노리고 있다는 걸 생각하면, 더욱더 다른 사람들의 말에 귀를 닫고 측근들이나 호위무사들에게 의존을 했을 거라고 추측은 해 볼 수 있지. 측근은 비판을 하지 않는 사람이고, 비판하는 말을 하는 사람은 측근이 아니니까."

사실 당나귀 귀라는 게 큰 허물은 아니다. 그렇지만 그것을 감추려고 하다 보니 두건을 만들어야 하고, 두건장이를 협박해서 윽박질러야 하고, 소리가 나는 대나무 숲을 마구잡이로 베어야 한다. 우리가 투명한 사회를 지향하는 것은 바로 역사를 통해 겪은 그러한 과정을 되풀이하지 않기 위함이라고 할 수 있다.

비평

　군대시절 우리 중대에는 정기 휴가를 갔다 온 사람은 비디오를 하나 빌려서 와야 한다는 불문율이 있었다. 정기 휴가 복귀일은 일요일이었기 때문에 휴가 복귀자가 있는 일요일 저녁은 전 중대원이 비디오 한 편을 보면서 느긋하게 즐기는 화목한 시간이었다.(대부분은 조그만 꼬투리로도 창고 뒤에 가서 얼차려를 받는 살벌한 내무 생활이 있는 시간이었지만) 내가 첫 휴가를 나갔을 때, 대학교에 있는 동기들과 선배들에게 복귀할 때 빌려갈 좋은 비디오를 추천해 달라고 했다. 영화가 재미있었느냐 아니냐에 따라 내무반 분위기가 달라졌기 때문에, 여러 사람에게 물어보고 또 물어보았다. 그래서 가장 많이 추천한 영화가 하나 있었는데, 무슨 영화제 대상을 받은 작품이라는 것이 조금 꺼림칙했지만 다수가 좋은 작품이라고 하니 믿고 빌려갔었다. 전 중대원이 기대에 차서 영화를 보는데 예술 영화

특유의 카메라를 움직이지 않는 롱테이크 기법이 너무나 지루하게 느껴졌다. 나 혼자 보았으면 잠들었겠지만 여기저기서 "시방 뭐여.", "언제 벗노?" 이런 소리가 나올 때마다 간이 콩알만 해졌는데 결국 영화가 끝난 후에 나는 바로 대가리 박으라는 소리를 들어야만 했다.

이런 이야기를 들으면 국제 영화제 심사위원들이나 비평가들, 그 영화를 추천해 준 친구들이나 선배들은 아마도 군인들이 영화를 보는 안목이 너무나 낮아서 그렇다고 이야기할 것이다. 그렇지만 군대를 제대하고 대학으로 돌아가 문학을 전공하며, 미학을 배웠지만 나의 미적 취향은 크게 변하지는 않아서 다른 사람과 영화를 보러 갈 때는 비평가들이 칭찬한 영화는 가급적 피하고 오히려 혹평한 영화를 선택한다. 대신 공부를 하면서 느낀 것은 그전에는 재미가 없던 것들도 이런저런 요소들에 주목해서 보니까 새로운 재미가 보이기 시작했다는 것이다. 문제는 예술 작품을 많이 접하고 많이 알아서 비평을 좀 할 수 있다는 사람들은 보통의 영화 감상자로서 느끼는 재미는 버리고, 공부를 해야 보이는 새로운 재미에만 몰두하는 경향이 있다는 점이다. 보통의 감상자들이 보지 못하는 부분을 즐길 수 있다는 것에서 은근히 자신의 우월성을 드러내게 되는데, 그래서 그런 사람들의 비평은 현학衒學으로 흐르기 쉽다.

이용 씨의 〈잊혀진 계절〉이 10월만 되면 대중의 사랑을 받는 것처럼, 벚꽃이 날리면 사랑을 받는 버스커버스커의 1집 앨범에 대해 한 비평가는 이렇게 이야기를 했다.

"신인의 패기나 신선함을 드러내기보다는 전형성에 의탁해 몸을 사리는, 얌전하게 찍은 여권 사진 같은 음반이라는 인상이다. 노래방 반주처럼 달달한 스트링과 일렉트릭 기타 솔로를 덕지덕지 바른 '여수 밤바다'의 몰개성적 편곡을 대표적인 예로 들 수 있겠다. (중략) '잘 만든' 음반이라기보다는 기획이라는 측면에서 '웰 메이드한' 음반일지도 모르겠다. 모름지기 기획자라면 제너럴한 어트랙션의 센스를 하이라이팅하면서도 스노비즘의 컨벤션에 인클라인드된, 혹은 캐릭터리스틱한 오디언스의 니즈를 충족시키는 머스트 해브 아이템을 만들고 싶지 않을까."

아마 이 글을 읽어보면 도대체 무슨 이야기를 하려고 하는지 잘 모를 것이다. 어떤 작품에 대해서 좋다 나쁘다를 이야기하려면 기준이 필요한데, 그 기준이라는 것은 엄격하고 객관적인 게 아니라 개인의 취향이 많이 작용한다. 아마 자신은 신선하고 특이한 것을 좋아하는 취향인데, 버스커버스커의 노래는 그렇지 않아서 이런 비난에 가까운 글을 썼을 것이다. 비평가는 비평하려는 작품보다 좋은 것을 만들어 내놓을 수 있는 능력이 없는 상태에서 자신의 취향을 다른 사람들이 받아들일 수 있도록 해야 한다.(도대체 무슨 말인지 모르는 괴상한 이야기로 말하는 것이 아니라 사람들이 무릎을 치며 동의할 수 있는 쉬운 말로 해야 한다.) 그렇기 때문에 비평하는 것은 신중해야 하는 일이며, 창작을 하는 것만큼 어려운 일이다.

명절에
무슨 이야기를 해야 할까?

명절에는 오랫동안 보지 못했던 친척들이 한자리에 모인다. 공통의 화제를 가지고 즐겁게 이야기를 한다는 것은 사실 매우 어려운 일이다. 집안의 어른들은 이런 상황에서 어떤 화제를 가지고 어떻게 이야기를 해야 하는지에 대해서는 크게 생각을 하지 않는다. 그래서 미혼인 사람이나 취업 준비생, 학생의 경우에는 "빨리 결혼할 것이지 아직도 그러고 있냐?", "옛날 나 때는 그러지 않았어.", "저 누구네 손주는 명문대 합격하고, 누구네 막내는 대기업 취직했다고 하던데." 이런 어른들의 일방적인 훈계나 비교하는 말들 때문에 상처를 입기도 한다.

그런데 그것보다 더 위험한 것은 정치 이야기를 하는 것이 될 수 있다. 특히 대구경북 지역은 세대에 따라 정치적 성향이 완전히 갈라지는 경우가 많기 때문에 다른 세대와 정치 이야기를 하는 것은 매우 위험한 일이다. 차례를 지내고 나면 음복을 하면서 늘 그렇듯 집안 어른들은 주로 정치 이야기를 한다. 한번은 '김대중, 노무현이 세상을 빨갱이 천지로 만들었다.', '김대중이 북한에 퍼 준 돈 때문에 우리나라 경제가 아직도 회복이 안 된다.' 이런 말들을 나누며 서로서로 공감을 했다. 원래 어른들이 그러려니 하고 가만히 있어야 하는데 나는 참지 못하고 젊은 사람들을 대표해서 "정부가 하는 일에 반대를 할 수 있는 게 민주주의 아닙니까? 그리고 김대중 대통령이 북한에 준 돈은 4대강 사업 때문에 갚아야 하는 돈의 이자도 안 되는 돈인데, 그 정도로 경제가 회복이 안 된다는 게 말이나 되는 소리입니까?"라고 말했다가 엄청난 훈계를 들어야 했다. 그 이전에 내가 '우리나라에서 글 쓰는 것과 말하는 것을 다 잘하는 사람이 유시민 씨와 진중권 씨'라고 이야기한 것 가지고도 밥상을 엎을 뻔한 적이 있는데, 괜히 더 이야기를 했다가는 오랜만에 만나서 마음만 상할 것 같았다.

일반적으로 가장 기분 좋게 이야기를 주고받을 수 있는 상황은 모두가 공감을 할 수 있는 주제에 대해서 같은 입장을 벗어나지 않고 한마디씩 하는 것이다. 그렇지 못한 경우에도 각자 자기가 우위에 있는 정보를 이야기하고 다른 사람들은 경청하는 상황이면 얼마든지 유쾌하게 이야기할 수 있다. 일반 기업에 다니거나, 자영업을 하는 친구와 모임이 있을 때, 나는 친구들이 속한 조직의 문화나 그들이 세상을 보는 관점에 대해 경청을 한다. 그리고 친구들은 내가 이야기하는 언론을 통해서는 접할 수 없는 교육 분야 이야기에 경청을 한다. 누구도 자기의 생각을 강요하고 다른 사람을 설득하려고 하지 않는다. 쓸데없이 술자리에서까지 논쟁을 하려고 하는 사람은 똑똑하다고 인정받을지는 모르지만 인간관계에는 매우 미숙한 사람이 되는 것이다.

정치적 입장이 다른 사람끼리의 대화 양상을 보면 주로 자신의 주장을 표현하는 말이고, 그것은 곧 다른 입장을 가진 사람을 설득하는 것이다. 즉 정치적 담론은 확고한 자신의 입장에 바탕을 두고 있기 때문에 정보의 교환을 통해 원활한 대화가 이루어지기 힘들다.

국문학 박사가 문학에 대해 이야기하면 보통 사람들은 스스로 국문학에 대한 지식이 부족한 것을 알기 때문에 경청을 한다. 그렇지만 정치 문제에 대해서는 정치학 박사가 이야기를 한다 해도 사람들은 그 말을 받아들이지 않는다. 정치적 신념이 바뀌는 것은 논리적인 설득으로 이루어지는 것이 아니라, 불교에서 말하는 깨달음의 순간이나 예수님을 영접하는 것과 같은 깊은 감화로 이루어지는 것이기 때문이다. 명절에 모여서 어른들이 하는 몇 마디에 젊은 세대가 자신의 정치적 입장을 바꿀 리도 없으며, 젊은 사람이 "어르신께서 잘못 알고 계시는데요."라는 말로 시작하는 이야기에 어른이 굳게 지켜온 정치적 입장을 바꿀 리도 없다. 명절에 모두가 즐겁게 이야기하려면 설득을 하려고 할 것이 아니라 "요즘 젊은이들 생각은 어떻노?", "어르신 생각은 어떠십니까?" 하고 경청을 하는 것이 필요하다.

SNS 사용법

얼마 전 초등학교 동창 밴드에 가입을 했었다. 30년이 지났지만 그때 같은 반이었던 친구들과 인사를 하며 30년의 시간을 넘어서도 인연을 이어주는 SNS(사회관계망 서비스라는 말이 너무 길어 SNS를 대체하지 못하고 있으므로 일단 SNS라고 하자.)의 위력을 실감했다. 그런데 학교 다닐 때는 전혀 알지 못했던 친구들이 동창이니까, 같은 밴드의 일원이니까 인사의 글을 남겼는데, 그것이 그냥 가벼운 인사라고 하기에는 약간 불편한 표현이 있었다. 행간에서 느껴지는 말투가 비웃는 것 같기도 하고, 매일신문에서도 사용하고 있는 나의 프로필 사진에 대해 칭찬인지 비꼬는 것인지 애매한 말도 있었다. 그래서 글을 올리는 것을 유보하고 밴드에 올라 온 글들을 읽어 보았더니, 불편한 댓글들과 그에 대한 민감한 반응으로 서로가 마음이 상한 아슬아슬한 표현들이 꽤 많아서 더는 들어가지 않게 되었다.

글은 말과 분명히 다르다. 만약 친구들이 직접 모여 앉아서 밴드의 댓글과 같은 이야기를 했다면 그렇게 마음이 상할 일은 없을 수 있다. 왜냐하면 말로 할 때는 직접 표정이나 행동, 그리고 목소리의 어조와 같은 것들을 보고 들을 수 있기 때문에 그냥 장난스럽게 웃자고 하는 말인지, 아니면 뼈가 있는 말인지를 금방 파악할 수 있다. 이것을 화법에서 배우는 좀 유식한 말로 하면 '맥락을 공유하고, 표정이나 행동과 같은 비非언어적 표현, 어조와 같은 반半언어적 표현을 함께 사용하여 의사소통이 이루어지는 입말의 특성' 때문이라고 할 수 있다. 달리 이야기를 하자면 글은 공유하는 맥락이 없고, 비언어적 표현과 반언어적 표현을 사용할 수 없기 때문에 보다 정확하게 표현해야 한다. 그리고 글은 시공간을 초월하여 불특정 다수에 전달될 수 있기 때문에 말보다는 더 큰 책임이 따르게 된다.

그런데 근래에는 과거에 있었던 인터넷 채팅에 다양한 SNS가 더해지면서 말과 글의 경계가 모호해지는 경향이 있다. SNS에서는 기본적으로 글을 사용하지만 다양한 이모티콘과 그림들로 약간의 비언어적 표현과 반언어적 표현을 할 수도 있게 되었다. 그래서인지 SNS에 글을 쓰면서도 자신이 글을 쓰고 있다는 것을 잊어버리고 가볍게 쓰는 경우가 많다. 그렇지만 인기 정상의 걸그룹이 한 순간에 회복할 수 없는 추락을 겪은 것도 SNS에 올린 글 때문이었고, 대선주자 반열에 있는 아버지를 끌어내린 것도 SNS에 올린 아들의 글 때문이었다. 보통 사람들도 그 정도까지는 아니라 하더라도 글이 가진 무게와 책임을 소홀히 생각한다면 불필요한 갈등과 오해를 겪을 수 있다. 그런 불필요한 갈등과 오해를 겪지 않으려면 SNS에 글을 올릴 때는 신중해야 할 것이며, 신중하게 글을 쓰는 것이 귀찮다면 "SNS는 인생의 낭비다."라고 말한 퍼거슨 전 맨유 감독의 말을 새겨듣는 것도 좋을 것이다.

복지부동

　복지부동伏地不動은 땅에 엎드려 꼼짝 않는다는 말로 흔히 공직 사회의 무사안일, 보신주의를 비판하기 위해 많이 사용하는 말이다. 그렇지만 원래 이 말은 군대에서 훈련소에 가면 가장 먼저 배우는 병공통과제 중 생존 요령에 관한 장에 나오는 것이다. 야간 전투 시 조명탄이 터지는 상황에서 움직이거나 빛이 반사되는 물체는 집중 표적이 된다. 그래서 빛을 반사할 수 있는 소총을 배 쪽으로 깔고 꼼짝하지 않는 자세를 유지해야 한다. 총탄과 포탄을 피하기 위해서는 최대한 납작 엎드려야 하고, 발도 T자 모양으로 바닥에 딱 붙여야 한다. 훈련소에서 조교들은 아주 신속하고 멋진 동작으로 이 자세의 시범을 보여준다. 그러고는 훈련병들이 복지부동 자세를 하고 있을 때 조금이라도 발이 들려 있으면 "네 뒤꿈치는 이미 총탄에 날아갔다!" 하고 뒤꿈치를 발로 찼다. 한마디로 복지부동은 생존을 위한 최적의 자세인 것이다.

사람들은 움직이지 않는다는 것에 착안해 공무원들에게 복지부동이라는 말을 쓰지만, 나는 복지부동이라는 말이 공무원 사회에 적합한 이유가 바로 생존을 위한 최적의 자세라는 점 때문이라고 생각한다. 사실 우리나라 공무원들은 기본적으로 우수한 집단이고, 열심히 일을 하는 사람들이다. 그렇지만 조금이라도 규정에 어긋날 소지가 있으면 새로운 일을 추진하는 것을 매우 꺼리기 때문에 일을 안 하는 것처럼 보일 뿐이다. 그럴 수밖에 없는 이유는 공직 사회뿐 아니라 다른 회사에서도 무슨 큰일이 생기면 적절하게 일을 처리했느냐, 아니냐를 따지는 것이 아니라 규정대로 했느냐, 안 했느냐를 따지기 때문이다. 어디에서든 규정에서 벗어난 일은 새롭게 추진하던 일에서 생겨나는 경우가 대부분이다. 공직 사회든 기업이든 감사 결과 보고서를 보면 지적 사항은 '~한 일을 추진함에 있어~'로 시작하지 '~한 일을 추진하지 않아~'로 시작하는 경우는 거의 없다. 결국 규정에 맞게 자기 할 일만 한 사람은 생존하는 반면, 새로운 일을 의욕적으로 하려는 사람은 조명탄 아래서 소총을 번쩍이며 뛰어가는 것과 같은 집중 표적이 되는 것이다.

이런 이유로 인해 큰 문제가 생겼을 때 윗사람이 '엄중하게 책임을 묻겠다.'고 하는 경우 아랫사람들은 더욱 납작 엎드린다. 역대 많은 선출직, 정무직 공무원들이 공무원의 복지부동을 뿌리 뽑겠다고 호언장담했었다. 그러나 그들은 공무원을 때림으로써 시민들의 표는 조금 더 얻었을지 모르지만, 대부분 현재의 공무원에게 '그때 그런 사람도 있었지' 하는 추억의 안줏거리로 남아 있을 뿐이다. 윗사람이 지시만 하고, 아랫사람들의 책임 소재만 따지면 공무원의 복지부동은 심해질 수밖에 없다.

"당신이 그 분야 전문가 아닙니까? 긍지를 가지고 적극적으로 일을 추진해 보세요. 추진 과정 중에 생기는 문제의 책임은 제가 지겠습니다." 윗사람이 이렇게 말하는데 누가 복지부동하려고 할까?

코끼리
그리기

　장님들이 코끼리를 만져보고 제각각 자기 이야기를 한다. 옆구리를 만져 본 사람은 벽 같다고 하고, 다리를 만져 본 사람은 기둥 같다고 하고, 코를 만져 본 사람은 밧줄 같다고 한다. 모두 자기가 만져 본 것이 옳다고 우겼다는 이야기는 부처님께서 진리라는 것이 우리의 경험으로 완전히 파악하기는 어려운 것이며, 우리가 진리라고 믿고 있는 것도 전체의 일부분에 불과하다는 것을 설명하기 위해 사용한 우화이다. 여기에서 나온 '장님 코끼리 만지듯' 이라는 속담은 일부분을 알면서도 전체를 아는 것처럼 여기는 어리석음을 비판하는 말로 사용된다. 사람들은 이 속담을 어리석은 사람을 비판하는데 쓰지만 자신이 코끼리를 만지는 장님이라는 생각은 하지 않는다. 그렇지만 장님이 코끼리의 일부만을 만져보고 판단을 하는 방식은 대부분의 사람들이 세상을 보고 판단하는 방법이다.

사람들은 어떤 대상에 대해 판단을 할 때 자기가 보고 듣고 경험한 것들을 기존의 지식이나 선입견과 결합하여 결론을 내린다. 그런데 판단을 내려야 할 대상의 모습은 전체를 파악하기 어려우며, 끊임없이 변하기 때문에 쉬운 일이 아니다. 성격이 털털하고 인상이 좋아 보이는 사람도 짜증내거나 화를 낼 때도 있는데, 화를 낼 때의 모습만 본 사람은 그 사람에 대해 성격이 모가 났다고 판단할 수 있으며, 늘 웃는 모습만 본 사람은 그 사람은 절대 화를 낼 사람이 아니라는 상반된 판단을 내릴 수 있다. 그리고 자신과 친한 사람이 화를 낼 때는 오죽 힘들었으면 그렇게 화를 냈겠나 하는 식으로 두둔하지만, 자기가 싫어하는 사람이면 작은 허물을 부풀려서 끊임없이 비난한다. 특히 정치와 관련된 주제에서는 늘 그렇게 극단을 달리며 자신의 의견과 맞는 사실만 보려고 하며, 자신의 생각과 다른 것은 무시하기 때문에 대화가 늘 평행선을 달린다.

그런데 '썰전'이라는 텔레비전 프로그램을 보면서 정치적인 대화도 상당히 유쾌할 수 있다는 것을 배운다. 거기에 나오는 전원책 변호사와 유시민 전 장관의 경우 보수와 진보 양 진영을 대표하는 '아주 센 형님'들이어서 얼굴 붉히며 입씨름할 줄 알았다. 그런데 두 사람 모두 나라가 잘 되고 세상이 올바른 길로 갔으면 하는 마음은 같았기 때문에 의외로 호흡이 잘 맞았다. 두 사람의 말을 합하면 지금보다는 분명 나은 세상이 될 것이라는 생각이 들었다. 그것을 보면 장님 코끼리 만지기 이야기의 진짜 교훈은 따로 있었다는 생각이 든다. 한 명의 장님이 만진 것은 지극히 불완전하다. 그러나 여러 장님들의 의견들을 종합해서 코끼리를 그려보면 최대한 코끼리에 가까운 모습을 그려낼 수 있을 것이다. 그리기 위해서는 다른 사람의 경험과 의견을 존중하는 것이 우선되어야 한다.

제4부

문학과 거짓말

홀린 사람

사회자가 외쳤다

여기 일생 동안 이웃을 위해 산 분이 계시다

이웃의 슬픔은 이분의 슬픔이었고

이분의 슬픔은 이글거리는 빛이었다

사회자는 하늘을 걸고 맹세했다

이분은 자신을 위해 푸성귀 하나 심지 않았다

눈물 한 방울도 자신을 위해 흘리지 않았다

사회자는 흐느꼈다

보라, 이분은 당신들을 위해 청춘을 버렸다

당신들을 위해 죽을 수도 있다

그분은 일어서서 흐느끼는 사회자를 제지했다

군중들은 일제히 그분에게 박수를 쳤다

사내들은 울먹였고 감동한 여인들은 실신했다

그때 누군가 그분에게 물었다, 당신은 신인가

그분은 목소리를 향해 고개를 돌렸다

당신은 유령인가, 목소리가 물었다

저 미치광이를 끌어내, 사회자가 소리쳤다

사내들은 달려갔고 분노한 여인들은 날뛰었다

그분은 성난 사회자를 제지했다

군중들은 일제히 그분에게 박수를 쳤다

사내들은 울먹였고 감동한 여인들은 실신했다

그분의 답변은 군중들의 아우성 때문에 들리지 않았다

이 시는 1989년에 발표된 기형도 시인의 〈홀린 사람〉이다. 시인은 이 작품에서 '누군가'의 합리적 의문도 허용하지 않는 비이성적인 '군중'과 권력자의 옆에서 아첨하는 '사회자'를 통해 당대 정치를 풍자하고 있다. 이 시에서 말하는 '홀린 사람'은 간단하게 생각하면 사회자의 말에 울먹이고 실신하는 군중이 될 것이다. 한편으로 제목이 '홀린 사람들'이 아니고 단수형인 '홀린 사람'이라는 것을 생각해 보면 진짜로 홀린 사람은 모두가 떠받드는 '그분'이라고 할 수 있다. '그분'은 자신을 신격화하는 사회자의 말에, 아무 말을 안 해도 자신을 떠받드는 군중의 반응에 홀려 판단력을 잃어버리고 있다. 만약 그분이 사회자의 말대로 남을 위해 헌신하고, 남을 위해 살았다면 항상 낮은 곳을 보며 반대의 목소리에도 귀를 기울였어야 한다. 그렇지만 사회자의 아첨과 무지한 대중의 광적인 지지에 취한 지도자는 고작 성난 사회자를 제지하는 정도의 아량을 보여 줄 뿐이다. 합리적으로 사유하지 못하고 누군가를 맹목적으로 지지하는 대중이 있는 곳에서는 모략꾼이 활개를 치기 마련이라는 것을 이 시는 보여준다.

미르

　박근혜 정부 말에 언론에 가장 많이 등장한 말 중 하나가 바로 '미르' 일 것이다. 이 말은 '용龍' 의 순우리말이라고 알려져 있는데, 최세진이 쓴《훈몽자회訓蒙字會》에서 '龍' 자를 '미르 룡' 이라고 설명하고 있는 것에서 그 근거를 찾을 수 있다.

　용은 상상의 동물임에도 불구하고, 문명의 발상지 모두에서 나타나며 민간 신앙에서도 공통적으로 존재하는 특이한 것이다. 우리나라에서 용은 중국 문명, 불교, 민간 신앙이 혼재되어 다양한 모습으로 나타난다. 먼저 임금의 얼굴을 '용안龍顔', 임금이 앉는 의자를 '용상龍床' 이라고 하는 것처럼 왕의 상징으로 사용된다. 불교에서는 천룡팔부天龍八部의 하나로 불법의 수호자로 여겨지고, 문무왕의 예에서 볼 수 있듯이 나라의 수호자로 의미가 확장되기도 한다.

　민간 신앙에서는 주로 물과 관련된 신이나 용왕으로 불리고 있다. 초등학교 때 소풍 날 꼭 비가 오는 이유에 대해, 학교 지을 때 못을 메웠는데 그 못의 용이 노한 것이라고 설명하는 것도 그 때문이다. 그리고 비가 오지 않아 기우제를 지낼 때에는 다섯 방향의 용왕의 그림을 그려 놓고 제사를 지내기도 했다.(민간에서 용을 그릴 때 다섯 가지 색으로 그렸는데, 민간 신앙에서 용은 다섯이라는 숫자와 밀접한 관련이 있다.) 삼국유사에서는 수로부인을 납치하는 악당의 모습이기도 하고, 활을 잘 쏘는 거타지에게 도움을 받는 약한 존재로 나오기도 한다. 안개로 조화를 부려 왕의 앞길을 막기도 하는데(처용랑 망해사), 어쨌든 이 경우들 모두 물과 관련이 된다.

'미르'라는 말이 '용'과 함께 쓰일 수 있었던 이유는 중국에서 용이라는 말이 들어오기 전에 우리 민족에게 이미 그러한 개념이 있었기 때문이라고 할 수 있다. 한자가 들어 온 후에도 백성들 사이에서는 계속 썼던 말로 추정이 된다. 우리 민족이 생각하는 용이 물과 밀접한 관련이 있고, '미'가 물을 뜻하는 옛말이었기 때문에 용을 왜 '미르'라고 불렀는지에 대한 약간의 단서를 얻을 수도 있다.

'미르'의 또 다른 어원으로는 '미륵彌勒'을 들 수 있다. 미륵은 재림 예수처럼 백성들을 구제할 미래불을 뜻하는 범어 마이트리야Maitreya를 중국말로 음차한 것이다. 현재 우리나라 한자음으로는 '미륵'이지만 원래 중국 발음이 '미르'였다는 것이나, 미륵불이 용화수龍華樹 아래에서 성불한다는 것을 보면 '미르'가 '미륵'과 밀접한 관련이 있음을 알 수 있다. 역사를 살펴보면 신라 말의 궁예가 미륵을 자처한 것은 유명한 일이고, 고려 말 우왕 때에도 경도의 여승과 무적이라는 종이 미륵을 자처하며 사회적인 문제를 일르켰었다. 이 외에도 세상이 어지럽고, 백성들이 어디 하나 마음 둘 곳이 없을 때는 꼭 미륵을 자처하는 사기꾼이 나타났었다.

은혜를 갚다

　사립학교 채용 비리에 관한 뉴스가 나올 때면 씁쓸해지는 것이 비리와 상관없는 교사들도 '넌 얼마 주고 들어갔니?' 하는 의혹의 눈초리를 받는 것이다. 누군가를 가르치는 것을 직업으로 한다는 것은 도덕적, 지적 권위가 있다는 것을 전제로 한다. 그렇지 않다면 그 사람은 배울 점이 없는 사람이다. 배울 점이 없는 사람에게 배운다는 것은 시간을 낭비하는 것이 된다. 학교에서는 도덕적, 지적 권위가 없는 사람이 교사가 되는 것도 문제고, 다수의 교사가 같은 취급을 당하는 것도 문제가 된다.

　채용을 대가로 돈을 주고받는 것은 범죄행위이기 때문에 법적으로 처벌을 받는다. 그러나 법적으로 걸리지 않지만 우리 사회를 병들게 하는 것 중의 하나는 '은혜恩惠'를 주고받는 것이다. 학교의 관리자가 비리를 저질렀을 때 어떤 선생님은 비리를 바로잡으려 하기보다 묵인하고 은폐하려고 한다. 그 이유에 대해서 물어 보면 자기가 정교사 될 때 관리자의 은혜를 입었기 때문에 배신을 할 수 없기 때문이라고 한다. 그럴 때 "그러니까 너는 그 사람의 '은혜' 때문에 너보다 실력이 있는 사람을 제치고 정교사가 될 수 있었다고 생각한단 말이지?"라고 물으면 대답을 하지 못한다. 이런 질문은 계파 보스의 은혜로 국회의원이 되었다고 생각하는 사람들에게 해도 똑같은 반응이 나올 수밖에 없을 것이다.

그런데 여기에서 자기가 입었다고 생각하는 '은혜'는 엄밀하게 말하면 은혜가 아니다. 은혜의 사전적 의미는 '고맙게 베풀어주는 신세나 혜택'이다. 이 말은 받는 사람의 입장에서는 그렇다는 것이다. 베푸는 사람의 입장에서 본다면 아무 조건 없이 주는 것이다. 자식에게 언제까지 이자 쳐서 갚으라고 하지 않는 것이 부모님의 은혜이다. 그래서 은혜의 의미는 확장이 되어 하느님이나 부처님의 은총을 이야기하기도 한다. 조건이 있거나 꼭 돌려주어야 한다는 의무감이 있는 것은 은혜가 아니라 '빚'이다.

은혜와 빚은 모두 '갚다'라고 하지만 갚는 방법은 매우 다르다. 빚을 갚는 방법은 빌린 만큼 도로 돌려주면 된다. 받은 혜택과 같은 혜택을 돌려주거나 비슷한 것을 환산해서 주면 된다. 그러나 부모님 은혜는 그런 방법으로는 갚을 수 없다.

대신 바르고 성실하게 살아서 부모님 욕되게 하지 않고, 부모님이 뿌듯하게 생각하면 그것이 바로 은혜를 갚는 길이다. 사회가 공정하다면 교사에게 은인은 기회를 준 학교이고, 은혜를 갚는 길은 눈치 보지 않고 오로지 학생을 잘 가르치는 것이다. 국회의원에게 은인은 뽑아 준 유권자들이고, 유권자들의 마음을 잘 헤아리는 게 은혜를 갚는 길이다. 지역구 주민들의 입에서 우리 지역 국회의원이 부끄럽다는 말이 나온다면, 그것이야말로 배은망덕背恩忘德, 배신의 정치라고 할 수 있다.

공황장애

　사람이 말하는 것을 관찰해 보면 같은 '가' 발음을 하더라도 소리가 미세하게 다르다. 그 이유는 발음하는 데 동원되는 기관들, 목구멍이나 구강 구조 등이 사람마다 다르고, 공기를 내보내는 개인의 습관이 다르기 때문이다. 같은 사람이 발음할 때도 발음 기관의 상태에 따라 조금씩 다르다. 세상에 있는 수많은 '가' 발음이 있고 그것은 연속적으로 분포하지만, 어느 정도 더 강하게 발음하는 지점을 지나면 사람은 '카' 소리로 인식하게 된다. 이것은 무지개 색깔이 실제로는 연속적으로 이어져 있고 경계선이 불분명하지만, 사람들은 빨주노초파남보로 경계를 끊어서 색깔에 해당하는 말을 붙인 것과 같은 원리이다. 이렇게 연속적인 실제 소리를 끊어서 소리를 구분하고, 그 구분된 소리로 다른 의미를 표현하는 것을 '언어의 분절성' 이라고 한다.

글은 분절된 소리에 문자를 부여한 것이기 때문에 발음이 부정확해서 웅얼웅얼하는 것처럼 말하는 사람도 글로는 정확하게 의미를 전달할 수 있다. 대신 글로는 억양이나 속도를 표현할 수 없고, 표정이나 손짓, 발짓을 동원할 수 없기 때문에 정확하게 쓰지 않으면 의미를 알기 어렵게 된다. 말로 할 때는 '바담 풍'이라고 발음해도 대충 '바람 풍'으로 말한 것으로 알아듣는다. 그러나 글로 '바담 풍'이라고 해 놓으면 바람이 아닌 뭔가 있는가 하는 생각이 먼저 든다. 이것이 글을 쓸 때 정확한 맞춤법을 써야 하는 이유 중 하나이다.

인터넷에 보면 틀린 맞춤법 레전드라는 글이 있는데, 거기에 보면 이런 구절도 있다. '어의가 업네. 님들이 비난하는것도 어면한 사생활치매거든요.' 맞춤법과 띄어쓰기가 엉망진창이어서 무슨 말인지 모르겠다가도 소리로 내서 읽어 보면 신기하게도 뜻을 다 알 수 있기도 하다. 이것은 말은 누구나 할 수 있는 것이지만 글을 쓰기 위해서는 어느 정도 지식이 있어야 함을 의미한다. 앞의 틀린 맞춤법은 '어이가 없다', '엄연', '침해'와 같은 말에 대한 지식이 없기 때문에 소리 나는 대로 비슷하게 흉내는 낼 수 있어도 제대로 쓰지 못한 것이라고 할 수 있다.

최순실 청문회에 최순실 씨가 나타나지 않으면서 그 사유로 '공항장애'가 있기 때문이라고 했다. 이것은 어디서 들은 것을 가져왔지만, 갑자기 생기는 두려움을 뜻하는 '공황'이라는 말에 대한 지식이 없다는 것을 보여주는 것이다. '하열'(하혈)이 있다는 조카, '해도해도 않되는(안 되는) 망할 새끼들에게 왠만하면(웬만하면) 비추함'이라는 레전드급 리포트를 쓴 딸을 보면 맞춤법을 모르는 것이 집안 내력일 수 있다. 그렇지만 그 모습을 보면서 진짜 '공황장애'에 걸릴 사람은 이런 사람들에 의해 조종된 대통령을 지도자로 떠받든 우리 국민들이다.

우리들의 일그러진 영웅

 1987년 이상문학상 수상작인 이문열 작가의 소설 〈우리들의 일그러진 영웅〉은 이미 고전의 반열에 오른 작품이다. 이 소설은 자유당 시절 초등학교 교실을 배경으로 엄석대라는 부당한 권력이 무너지는 과정을 그리고 있다. 이 소설이 고전으로 평가받을 수 있는 이유는 우리 사회에서 부당한 권력이 어떻게 해서 성립되고, 유지되는지에 대해 우의(알레고리)적 수법으로 잘 보여주고 있기 때문이다.

 소설에서 교실은 엄석대를 중심으로 일사분란하게 움직인다. 전학생인 한병태의 눈에는 부조리가 많지만, 엄석대 체제는 효율적이었고 좋은 성과를 내고 있었기 때문에 담임선생님은 한병태의 의견을 무시한다. 한병태가 학급에 적응해서 살기 위해서는 엄석대 체제를 인정하고, 부조리에 가담하여 안락함을 얻는 길과 부조리에 대항해 외롭고 힘든 싸움을 해야 하는 길이 있다. 한병태는 결국 앞의 길을 택한다. 앞의 길을 택함으로써 엄석대와 대립할 때는 얻을 수 없었던 수많은 혜택을 받게 된다. 한병태는 엄석대의 체제를 더 단단하게 만드는 데 공범이 되어간다.

그런데 한병태가 엄석대의 체제에 가담함으로써 얻게 되는 혜택들은 엄석대로부터 받은 것이 아니라 엄석대에게 대항하는 동안 빼앗겼던 것들이다. 여기에서 부당한 권력이 어떻게 발생하고 유지될 수 있는지를 볼 수 있다. 엄석대가 반을 지배할 수 있었던 것은 아이들보다 힘이 더 셌기 때문일 것이다. 이 힘의 차이는 두 명만 힘을 모아도 극복할 수 있는 정도였을 것이다.(나중에 아이들은 두세 명이 힘을 합쳐 싸움으로도 엄석대를 쉽게 이겼다.) 그렇지만 그 미세한 힘의 차이를 이용해 교활한 모사꾼과 무식한 행동대장들을 모아 체제가 갖추어지면 그 힘은 몇 명으로는 감당할 수 없을 만큼 커진다. 권력 체제가 갖추어지면 전체를 위해서라는 명목으로 다른 아이들로부터 빼앗기 시작한다. 빼앗은 것들은 체제 유지의 공범들에게 대부분 돌아가지만, 체육대회나 아이들끼리의 회식 같은 것으로 빼앗긴 아이들에게 조금 나눠준다. 부당한 권력을 유지할 수 있는 핵심은 바로 사람들이 단결을 하지 못하도록 하는 데 있기 때문이다.

아이들은 엄석대가 부당한 것을 알고 있었지만 새로 온 담임 선생이 엄석대를 끌어내리기 전까지 침묵하고 있었다. 개인의 힘은 약하기 그지없고, 권력에 이의 제기를 한 사람은 어떤 보복을 당했는지 보아왔기 때문이다. 만약 아이들이 용기를 내 엄석대파와 대립했다고 하더라도 아이들은 처음에는 대동大同하여 단결하겠지만 시간이 지날수록 소이小異가 부각되고 권력을 가진 자들의 공작으로 흐트러지게 된다. '촛불은 바람이 불면 꺼진다.'는 어느 국회의원의 말은 어떻게든 시간을 끌면 권력을 가진 자가 이긴다고 생각하는 권력의 본성을 그대로 보여주는 것이다.

급식과
도시락

초등학교 시절, 우리가 학교에서 따뜻한 밥을 먹었던 적은
운동회 날밖에 없었다. 큰 가마솥에 끓인, 고기가 제법 들어
간 따뜻한 국밥을 먹는 것은 운동회 날의 즐거움 중 하나였
다. 보통 때 있는 집 아이들은 보온 도시락을 가져오기도 했
지만, 그 밥은 미지근한 밥이었다. 대부분은 '벤또'라는 말이
더 익숙하던 누런색 양은 도시락에 식은 밥을 먹어야 했다.

요즘같이 날씨가 추워지면 교실 안에서는 난로가 설치되
고, 난로 위에는 도시락들이 층층이 얹혔다. 지금은 그냥 정
겨운 풍경일 수도 있지만 그때 당시로서는 치열한 도시락 자
리싸움을 하고, 맨 아래층에 도시락을 둔 아이는 수업 시간에
도 밥이 타지 않을까 난로에 온 신경을 두고 있어야 하는, 결
코 아름다운 풍경은 아니었다. 그리고 그 시절에는 이른 아침
부터 자식 수대로 대여섯 개의 도시락을 준비해야 하는 어머

니의 고충은 모르고 "맨날 콩장(콩자반), 콩장. 애들이 나보고 염소똥이라 그런다고. 나도 쏘세지!"하는 막내의 떼쓰는 소리도 심심찮게 들을 수 있었다.

그렇게 우리 세대나 전 세대에게 도시락에는 힘든 기억들이 참 많다. 도시락의 김칫국물이 흘러 책을 다 버렸던 일, 고등학교 시절 매일 두 개의 도시락을 들고 다녔던 일은 다시 생각하는 것만으로도 피로가 몰려온다. 교생 때는 자취생이었기 때문에 직접 도시락을 준비해야 했는데, 매일 도시락을 싸는 것도 지도안 작성하는 것만큼 스트레스였다. 그때를 생각하면 학교에서도 따뜻한 밥을 먹을 수 있고 도시락의 걱정에서 완전히 해방될 수 있게 해 준 학교 급식은 혁명적인 진보였다.

그런데 시간이 지나면서 '도시락'과 '급식'은 어감이 조금 달라지기 시작했다. 도시락은 원래 밥을 잎에 싸서 간단하게 먹을 수 있도록 한 것을 의미했던 우리말 '도슭'에서 비롯된 말인데, 간단하게 먹을 수 있는 원래의 기능은 유지한 채 다양한 메뉴들이 추가되면서 지금은 제대로 된 1인 식사로 의미가 변화하고 있다. 반면 학교 급식은 전체 학생으로 확대되면서 '급식'이 '공부'라는 단어를 밀어내고 학생들을 대표하는 말이 되었다.(학교 와서 공부 안 하는 학생은 있지만, 급식을 안 하는 학생은 없으니까.) 여기에서 학생들을 비하하는 표현인 '급식충', 학생끼리 말할 때 쓰는 독특한 어투를 가리키는 '급식체' 와 같은 말이 파생되었다. 대구시교육청에서는 이런 문제 때문에 학교 급식의 새로운 명칭을 공모해 '학교밥상' 으로 정했다. 그렇지만 '밥상' 의 의미 영역이 '급식給食' 과 맞지 않고, 현재 급식실을 '밥상실' 로 바꿔야 하는 등의 부수적 어휘 문제도 있어서 정착되기는 쉽지 않을 것이다. 도시락 시대를 살았고 지금은 매일 학교 급식을 먹는 나의 입장에서 보면 '급식충' 소리를 듣더라도 급식을 맛있게 먹을 수 있다는 것 자체가 행복이다

하늘의 뜻

　'하느님'이라고 하면 기독교에서 사용하는 말처럼 생각되지만, 원래 그 말은 우리나라에서 옛날부터 사용하던 말이었다. 세계 어디서나 비슷한 현상인데, 사람들은 해가 뜨고, 바람이 불고, 비가 오고 하는 것과 같은 자연 현상을 보면서 우주 만물의 질서를 주재하고, 인간 도덕의 절대적 기준이 되는 궁극의 존재가 있을 것이라고 생각하였다. 동양에서는 그것을 '하늘' 또는 '천天'이라고 하였다. 그런데 흔히 쓰는 표현으로 '하늘도 무심하시지'와 같은 말에서는 '하늘'이 인격화된 존재로 여겨지고 있음을 볼 수 있다. 우리나라 민간신앙에 보이는 '옥황상제'나 '천제 환인'은 의인화된 신으로 사람처럼 말하고, 움직이고, 느끼는 모습으로 나타난다. 이렇게 의인화된 '하늘'을 이를 때, 사람을 높여 부를 때 사용하는 '님'을 붙여 사용한 것이 '하느님' 또는 '하나님'이다.(이것은

'솔+나무'가 '소나무'가 되는 것처럼 ㄹ이 탈락한 것이다. '하나님'은 '하늘'의 옛말 '하눌'에서 나온 것이다.)

기독교가 처음 우리나라에 들어올 때 유일신의 이름을 '신' 또는 '여호와'라고 하였는데, 그 말은 우리나라 사람들의 사고에는 너무나 생경한 것이었다. 선교사들은 우리나라 사람들이 의미를 쉽게 파악할 수 있는 적합한 대체어를 찾기 위해 노력한 결과, 사람들이 가장 쉽게 받아들일 수 있고, 교리에 어긋나지 않는 '하느님'이라는 말을 차용한 것이었다. 소돔과 고모라와 같이 타락한 곳을 하느님이 벌한다는 성경의 내용은 우리나라 사람들도 '장자못 전설'을 통해서 익히 알고 있는 내용이었기 때문에 하느님이 우리가 알고 있던 하느님과 크게 다르지 않다고 생각하고 쉽게 받아들일 수 있었던 것이다.

유교적 사고에서 보면 하늘은 우주 만물의 절대적 진리이자, 도덕의 원천으로 생각되는 무언가였기 때문에 인간의 모습을 한 것은 아니었다. 대신 인간에게 천명天命을 내리고, 인간들이 천명에 맞게 실천하면 농사가 잘 될 수 있는 알맞은 날씨로 응답을 하고, 그렇지 않으면 비정상적인 천문 현상이나 기상 이변으로 경고를 하는 그런 존재였다. 《삼국사기》나 《고려사》, 《조선왕조실록》과 같은 옛날 역사서에 천문 현상이나 기상 이변에 대한 기록이 많은 것은 천문 관측을 통해

하늘의 뜻을 알려고 노력했던 흔적이라고 할 수 있다. 이변이 있을 때 왕은 자신이 정치를 잘못하고 있는 것은 아닌지 반성하고, 근신하면서 내치를 다지려고 했었다. 이것을 단순히 미신이라고 치부할 수도 있지만, 어떤 면에서는 삶의 지혜가 담겨 있는 것으로도 볼 수 있다. 왜냐하면 이변으로 국민들이 동요할 때 지도자가 중심을 잡고 국민들에게 믿음을 주어야 나라가 바로 설 수 있는 것은 예나 지금이나 변함없는 것이기 때문이다.

충신과 간신

내 일 망령된 줄을 내라 하여 모를쏜가
이 마음 어리기도 임 위한 탓이로세
아무가 아무리 일러도 임이 혜여 보소서

고산 윤선도는 대한민국의 고등학생들에게는 가장 익숙한
인물 중 한 명일 것이다. 〈오우가〉, 〈견회요〉, 〈만흥〉, 〈몽천
요〉, 〈어부사시사〉와 같은 작품들은 각종 시험에 많이 출제
되었지만, 여전히 출제 유력 작품 목록에 올라 있다. 출제자
들이 그의 작품을 선호하는 이유는 일단 작품의 분량이 출제
하기에 적절하고(출제자들에게 이것은 아주 중요한 문제다.), 어려운
한자를 많이 쓰지 않아 학생들의 수준에 적정하다고 판단하
기 때문이다. 또 당시 양반들은 상투적인 표현, 고사를 인용
하는 표현을 많이 사용하여 개성이 없는 반면 고산의 시조는

우리말의 멋을 잘 살리고 있기 때문이다. 거기에 교육적인 차원에서는 문학성과 별도로 고려해야 할 것이 있다. 아무리 문학성이 우수한 작품을 쓰더라도 작가의 행적이 역사에 오점을 남겼다면 시험에 출제하기가 어렵다. 그 점을 고려하면 고산은 큰 흠결이 없는 사람이다. 그는 당시로서는 드물게 85세까지 살았고, 집안이 부유했기 때문에 경제적으로 어려움은 없었다. 그런 편안함을 대대손손 누리며 살 수도 있었지만, 그는 늘 임금에게 직언을 했고, 그 때문에 관직 생활을 하는 동안 20년 가까이 유배 생활을 해야만 했다.

위의 시조는 고산이 30세에 함경도 경원 지방에 유배를 가서 쓴 〈견회요〉 5수 중 제2수이다. 그는 광해군 때 성균관 유생의 신분으로 당시의 집권 세력인 이이첨 일파의 죄상을 격렬하게 규탄하는 장문의 상소를 올렸다가 유배를 간 것이다. 이때는 광해군이 집권하고 피의 숙청이 진행되던 시기였다. 이이첨의 심기를 건드렸다는 것만으로도 사형의 이유가 될 수 있는 상황에서 그의 죄상을 논하는 상소를 올렸으니, 사람들이 보기에는 미친 것처럼 보일 수도 있다. 이 시에서 그는 남들이 보기에 미친 것처럼 보이는 것을 자기도 모를 리 없다고 말하고 있다. 그렇지만 남들이 보기에 어리석어 보이는 일을 한 것은 다 임금을 위해서 한 것이라고 이야기를 하고 있다. 그래서 누가 무슨 말(측근들의 아첨하는 말, 모함하는 말)

을 하더라도 임금이 직접 헤아려 보고 판단을 해 달라고 이야기를 한다.

　권력자들이 자신의 기분을 맞춰주는 말을 좋아하는 것은 동서고금이 다르지 않다.(그 맛에 권력을 가지려고 하는 것일 수도 있다.) 권력자들은 그런 말을 하는 사람들을 믿고 싶어 하지만, 역사는 달콤한 말을 하던 이이첨과 같은 이들을 '간신' 이라고 이르고, 죽음을 무릅 쓰고 쓴소리를 하던 고산과 같은 사람들을 '충신' 이라고 기억을 한다.

막말과
거짓말

미국에서 우리나라 사람들의 생각으로는 도저히 이해되지 않는 일이 일어났다. 바로 막말의 대명사처럼 여겨지는 공화당의 트럼프 후보가 대통령에 당선된 것이다. 그는(언론 보도에 의하면) 히스패닉 유권자를 비하하는 발언, 성차별적 발언, 성희롱성 발언으로 끊임없는 물의를 일으켰었다. 거기다 80년대 골수 운동권 학생들의 구호였던 주한 미군 철수를 공공연히 이야기를 하고 다녔으니 우리나라 우파들에게서도 미친 사람 취급을 받았다. 만약 우리나라라면 그가 한 말 중 하나만 있어도 후보를 사퇴해야 함은 물론이고 정치 생명도 끝날 일이다. 그런데도 그는 대통령에 당선이 되었다. 지금 우리나라에서 상상하기 힘든 일이 일어나서 웬만한 일은 충격적으로 받아들이지 않아서 그렇지, 안 그랬으면 올해 가장 충격적인 일이 되었을 것이다.

미국에 있는 지인에게 물어보니 미국에서는 이번 대선이 좌충우돌 트럼프와 안정적인 힐러리의 대결 구도로 보는 한국의 시각과 달리, 막말로 공격하는 트럼프와 거짓말로 빠져나가려는 힐러리로 보는 사람들이 많았다고 했다. 그런데 트럼프를 찍은 미국인들이 생각하는 거짓말의 범위에는 정치인들이 위기 상황에 처했을 때 나오는 궁색窮塞한 변명도 거짓말의 범주에 포함된다는 것이다. 궁색하다는 것은 한자 뜻 그대로 '다하고 막힌' 말이다. 그래서 말이나 태도, 행동에 이유나 근거가 매우 부족한 것이다. 그냥 시원하게 사과를 하고 용서를 구하면 욕은 좀 더 먹더라도 인간적으로는 이해가 될 부분이 있지만, 우리나라의 정치인들은 그 길보다는 궁색한 길을 택한다. 물론 우리나라 정치인들이 그런 선택을 하는 이유는, 사과를 하면 리더십에 상처가 나서 재기하기가 어려운 상황이 되지만, 궁색한 변명으로 어찌어찌 위기만 넘어가면 국민들이 잊어버리기 때문이다.

사람의 입에서 나온 말은 어떤 상황에서 누구에게 말을 하는가에 따라 의미는 달라지며, 정치적 이념이 담긴다. 말의 그런 특성을 이야기하기 위해 학술적으로는 '담론談論'이라는 표현을 쓰기도 한다. 트럼프가 인종 차별적 발언을 할 때 언론에서는 막말이라고 했지만, 보수적인 백인층은 더욱 결집했던 것도 정치적 담론의 특성을 보여주는 것이다. 우리나라에서 대통령이 되려는 사람은 중간층의 지지를 얻어야 한다. 정확히 말하면 반대 진영이 결집하지 않도록 해야 한다. 그래서 말들이 하나마나한 뜬구름 잡는 이야기가 많다. 그렇게 안정적으로 오랫동안 지지율 1위를 기록한다는 것은 대선 정국에 들어서면 큰 약점이 될 수 있다는 것, 공격적인 새로운 담론을 가진 인물이 우리나라에서도 바람을 일으킬 수 있다는 것을 미국 대선은 보여주고 있다.

문학과
거짓말

이승우 작가의 소설 《미궁에 대한 추측》은 작가가 유럽 여행 중에 우연히 장 델뢰이라는 사람이 쓴 《미궁에 대한 추측》이라는 책을 발견하고, 작가와 책의 내용을 소개하는 형식으로 된 작품이다. 미노스왕의 명으로 다이달로스가 미궁을 만들고, 나중에 테세우스가 미궁 속의 괴물을 무찌르고 나오는 신화 속의 이야기가 어떤 의미를 가지고 있는지에 대해 법률가, 종교학자, 건축학자, 연극배우가 각각 자신의 시각에서 분석하는 작품이다. 그런데 이 작품의 진짜 의미는 실제로는 장 델뢰이라는 사람이 없고, '미궁에 대한 추측'이라는 책도 존재하지 않는다는 데 있다. 아무 생각 없이 읽으면 속았다는 생각이 들기도 하지만, 이 글이 왜 소설책 안에 있는가를 생각해 보면 작가의 기발한 상상력에 감탄을 하게 된다.

문학은 기본적으로 있었거나 있을 법한 이야기를 재료로

한다. 그 재료를 그대로 전달했을 때 이야기를 듣는 사람은 아무런 감흥을 못 느낄 수도 있다. 그래서 작가는 독자가 재미와 감동을 느낄 수 있도록 과장을 하고, 비유를 하고, 좀 더 몰입할 수 있도록 내용을 빼거나 추가하고, 이야기의 순서를 바꾼다. 이것이 문학 연구자들이 말하는 '문학적 형상화'라는 것이다. 문학적으로 형상화를 하는 과정에서는 약간의 허구가 들어가게 되는데, 독자는 이것에 대해 거짓말이라고 생각하지는 않는다. 대부분의 시인은 일제시대를 추운 겨울로 표현한다고 해서 일제시대가 빙하기였다고 생각하는 독자는 없다. 주요섭의 〈사랑 손님과 어머니〉를 읽고 어린 애가 쓴 글이라고 생각하지도 않는다. 여기에는 문학은 형상화된 것이라는 암묵적인 약속과 동의가 작용하기 때문이다. 그래서 독자는 문학 작품을 읽으면서 홍길동이 진짜 살았는지에 대한 '사실'을 확인하려는 것이 아니라, 작품이 이야기하는 '진실'을 보게 되는 것이다.

그런데 일상생활에서 화자와 청자의 관계는 문학 작품을 대할 때와 같은 암묵적인 동의가 없다. 그래서 화자의 이야기는 사실과 부합해야 하고, 그렇지 않으면 거짓말쟁이가 된다. 하지만 경우에 따라서는 약간의 차이는 있다. 남자들이 군대 이야기를 할 때는 뻥이 심해진다. 자기가 겪은 이야기, 들은 이야기를 섞어서 과장을 하는데, 청자들은 그것을 알기 때문에 그러려니 하고 듣는다. 허경영 씨가 IQ가 450이라는 둥, 축지법을 쓴다는 둥의 주장을 할 때, 청자들은 그가 황당하고 엉뚱한 사람이라 생각하고 듣는다. 그래서 오히려 그를 허본좌라고 부르며, 그의 말을 재미있어한다. 거짓말로 자기를 과시하면서 부당한 이익을 취하고, 다른 사람의 명예를 훼손하는 경우는 철저하게 사실을 따져야 한다. 그런 경우가 아닌 가벼운 이야기에도 사실 검증한다고 죽자고 달려드는 것은 사회를 참 삭막하게 만드는 일이다.

장을 지지다

　새누리당 이정현 대표는 뉴스에 참 많이 나오는데, 볼 때마다 드는 생각은 저 분이 정치인의 길이 아닌 배우의 길을 갔으면 어땠을까 하는 것이다. 연극 무대에서 수십 년 내공을 쌓은 배우들보다 발성이 좋고, 뉴스 한 꼭지에서도 희로애락을 다 보여줄 수 있을 만큼 표현력도 뛰어나다. 흔히 말하는 신스틸러라고 부를 수 있을 만큼 익살스럽고 친근한 외모를 가지고 있다는 점도 타고난 자질이다. 아마 이분이 영화계에 진출을 했었다면 오달수, 유해진 씨와 어깨를 나란히 하는, 1억 배우 클럽에 들어가서(현재와 달리) 전 국민의 사랑을 받지 않았을까 하는 생각이 든다.

　그런데 애석하게도 이분은 많은 사람들로부터 욕을 먹어야 하는 정치인이 되어서 항상 논란의 중심에 서 있다. 특히 대통령 탄핵 정국에서 야당이 탄핵안을 관철하면 '장을 지진다.'고 했던 말 때문에 문제가 되었다. 본인은 야당이 절대 할 수 없다는 생각 반, 탄핵안을 반드시 저지하겠다는 비장한 각오 반으로 한 이야기지만, 막상 탄핵안이 통과되자 우습게 되고 말았다. 그렇게 되자 덩달아 내 주변에서는 '장 지지'는 것이 어떻게 하는 것인지 묻는 사람도 많아졌다.

'장을 지지다'는 말에 대해 국어학자들 상당수는 '장'이 손바닥을 뜻하는 한자 '掌'이라고 이야기를 한다. 이때 '지지다'는 '인두로 지지다'와 같이 달군 물체로 다른 물체를 누르는 것이다. 국어사전에 보면 예문 중에 '아들이 아니면 손톱에 장을 지지겠네.'가 있는데, 이것은 '장掌'설을 지지하는 것이다. 이 설을 주장하는 사람은 보통 '내 손에 장을 지진다'의 형식으로 많이 쓰는 것에 대해 일종의 중복 표현이라고 한다. 그런데 이 설의 치명적인 약점은 중복 표현이 되려면 '손을 장을'과 같이 되어야 하지만, 사람들은 '손에 장을' 지진다고 쓴다는 점이다. 손과 장을 다른 것으로 생각할 수밖에 없다. 그리고 현재는 '손바닥 장'을 단독으로 쓰는 경우가 거의 없기 때문에 설득력이 매우 약하다.

우리나라 사람들이 '장'이라고 할 때 바로 알아듣는 말은 '장場에 간다.', '장腸이 안 좋다.', '장醬을 담그다.' 정도이다. 이 중 시장을 뜻하는 '장場'은 지질 수가 없다. 창자를 뜻하는 '장腸'을 손에다 지지려면 지지기도 전에 죽는다. 결국 사람들이 좀 더 타당하다고 인정할 수 있는 것은 된장, 간장 같은 '장醬'을 물을 조금 붓고 끓이는 것(장을 지지다.)에 손을 넣는 것이라고 할 수 있다.

장을 지지는 것에 대한 설이 확정되지 않는 이유는 이때까지 장을 지지겠다고 한 사람들은 많았지만, 실제로 장을 지진 사람은 없기 때문이다. 만약 이 대표가 약속을 지켜 표준화된 '장 지지기'를 보여준다면 누구의 설이 맞나 하는 논쟁은 더 이상 없을 듯하다.

전략

국어과 교육과정 해설을 보면 가장 많이 나오는 말 중 하나가 '전략'이라는 단어다. 현재의 교육과정에서는 말하기 전략, 쓰기 전략, 읽기 전략, 듣기 전략이라는 말이 있을 뿐만 아니라 문학 감상도 전략적으로 접근하라고 한다. 여기에서 말하는 전략이라는 것은 자신이 하고 싶은 말을 제대로 표현하고, 다른 사람의 말을 제대로 이해하는 목표에 도달하기 위해 최적의 방법을 사용하는 것이다. 글쓰기를 예로 들어 보자면 세상에 나온 많은 글들은 열심히 노력해야 한다, 착하게 살아야 한다와 같은 주제를 담고 있다. 그렇지만 그 말만 반복하면 매우 지겨운 잔소리가 된다. 독자들이 진짜 열심히 노력해야겠다는 마음을 갖도록 만들기 위해서는 먼저 독자를 분석해 보아야 한다. 그리고 그에 맞는 적절한 글감을 가져와서 적절하게 배치하고, 상황에 맞는 표현법을 적절히 사용해야 독자의 마음을 움직일 수 있는 것이다.

원래 전략이라는 것은 군사 분야에서 비롯된 말로 전쟁을 승리로 이끌기 위한 큰 틀의 계획을 말하는 것이었다. 그에 따라 중요하지 않은 지역은 내 주더라도 전략적인 요충지는 반드시 지키는 것과 같은 세부적인 '전술'이 동원되는 것이다. 오늘날에는 전략이라는 말이 사회의 다양한 분야에 사용되고 있지만 그 원리는 앞에서 이야기한 것과 다를 바가 없다. 올바른 전략이라는 것은 목표를 분명히 하고, 그에 맞게 상황을 분석하여 가장 알맞은 방법을 사용하는 것이다. 그래서 '판매 전략'이라고 하면 제품을 최대한 많이 팔기 위해서 제품의 장점과 주 소비층을 분석하고, 그에 맞는 광고 내용과 방법을 구상하고, 영업 조직을 가동하는 방법에 대한 모든 것이 포함된다.

그런데 정치의 영역에서는 이 전략이라는 말이 조금 다르게 쓰이는 것 같다. 여당에서는 선거에서 우리 동네에는 장애인을, 우리 학교가 있는 동네에는 여성을 '전략 공천'한다고 했다. 정상적인 사고에서 보자면 선거에서 승리하는 것이 분명한 목표이므로 전략적인 공천이라면 이 지역이 장애인과 여성이 꼭 필요한 지역이어야 한다. 그렇지만 유독 이 지역에서 장애인이나 여성이 필요할 하등의 이유가 없었다. 우리 동네의 경우를 보자면 대구에서 가장 젊은 층이 많이 살고, 생활 만족도가 높지만, 자녀들이 중학교 진학할 무렵이 되면 교육 문제 때문에 고민을 하는 곳이다. 그렇다면 교육 전문가를 내세워 교육 문제 해결을 위한 공약을 만들고, 그것을 첫 번째로 내세우는 것이 가장 전략적인 선택일 것이다.

여당에서는 이번 전략 공천이 장애인과 여성을 우대한다는 것을 보여주어 전체 선거에서 승리하기 위한 전략이라고 할 수도 있다. 그렇지만 다른 지역 사람들은 그런 전략보다는 대구에서는 누구든 여당 공천만 받으면 당선될 것이라 생각하는 전략 부재를 먼저 보는 것이 문제다.

뇌정雷霆이
파산坡山하여도

뇌정雷霆이 파산坡山하여도 농자聾者는 못 듣나니

백일白日이 중천中天하여도 고자瞽者는 못 보나니

우리는 이목총명耳目聰明 남자로 농고聾瞽같지 말리라

 이 시조는 퇴계 이황 선생이 쓴 〈도산십이곡〉 중 제8수이다. '고인도 날 못 뵈고 나도 고인 못 뵈'로 시작하는 9수나 '청산은 어찌하여 만고에 푸르르며'로 시작하는 11수에 비해 많이 알려지지 않은 내용이지만 마음 공부를 중시했던 퇴계 선생의 생각을 엿볼 수 있는 시조이다.

 시조의 내용은 한자만 번역하면 간단하게 파악된다. 산을 깨뜨릴 정도로 큰 천둥과 우레 소리가 나더라도 귀가 먼 사람은 듣지 못하고, 밝은 해가 하늘에 떠 있어도 눈이 먼 사람은 보지 못하니, 우리는 눈과 귀가 총명한 남자로서 귀먹고, 눈먼 사람처럼 되지 말겠다는 것이다. 여기에서 말하는 귀먹고, 눈먼 사람이 청각 장애인이나 시각 장애인을 말하는 것이라면 이 시조의 내용은 매우 볼품없는 것이다. 굳이 시로 쓸 필요도 없는 것이다. 그런데 귀먹고, 눈먼 사람을 진리에 귀먹고, 눈먼 사람으로 보면 진리 혹은 진실이 명백해도 깨닫지 못하는 어리석음에 대한 경계가 담긴 더 깊은 뜻을 가지게 된다.

이 시조와 관련된 퇴계 선생의 생각은 제자들에게 보낸 편지를 보면 알 수 있는데, 선생은 사람이 진리에 귀먹고, 눈멀게 되는 이유는 극단적인 것에 빠지는 데 있다고 보았다. 보고 싶은 것만 보고, 다른 의견에 귀를 닫은 사람은 나이가 들수록 극단적인 것에 빠지게 되고, 원래 가졌던 총명함마저 잃어버리게 된다. 마지막 부분에서 '농고壟盲 같지 말리라' 라고 다짐하는 것은 매우 단순한 말 같지만 쉬운 일이 아니다. 왜냐하면 극단에 빠진 사람은 자신이 극단에 빠진 줄도 모르고 신념에 차 있기 때문이다. 퇴계 선생은 제자 김취려에게 보낸 편지에서 이렇게 말했다.

"그대는 선善을 추구하지 않는 게 문제가 아니라 지나친 것이 문제이며, 학문을 즐기지 않는 것이 문제가 아니라 조급한 것이 문제이며, 예禮를 좋아하지 않는 것이 문제가 아니라 편향된 것이 문제이다. 선이 지나치기 때문에 어리석은 사람을 선한 사람으로 착각하고, 너무 조급하기 때문에 배우지 않은 것을 배웠다고 생각하며, 편향되게 예를 좋아하기 때문에 세속을 바로잡으려고 드는 것을 예로 생각하는 것이 문제이다."

극단에 빠지지 않기 위해서는 내가 치우친 것이 아닌지 다른 사람을 통해 나의 위치를 생각해야 하며, 끊임없는 성찰과 반성이 필요하다. 물론 이때도 성찰과 반성이 지나쳐 자신감을 잃어버리거나 자학으로 빠지지 않을 만큼 적절함을 찾는 것이 중요하다.

사실과 팩트

요즘은 여러 매체를 통해 엄청나게 많은 뉴스가 쏟아지는 데다 뉴스를 가장한 가짜 뉴스까지 판치는 세상이다 보니 도대체 무엇을 믿어야 할지 모르는 경우가 많다. 믿을 만한 권위 있는 언론사의 뉴스와 가짜 뉴스의 차이는 '사실事實'을 기반으로 하고 있는가에서 결정되는 경우가 많다. '사실'은 실제로 존재하는 것이나 있었던 사건을 말하는 것으로, 상상으로 꾸며낸 것, 환상, 가능성은 있지만 실제로 있지는 않은 것과는 반대되는 것이다.

그런데 우리가 일상생활에서 '사실'이라는 말을 쓸 때는 주관적인 것이나 가능성이 있는 것까지도 포함되기 때문에 '사실'이라고 알고 있는 것이 '사실'이 될 수도 있고 아닐 수도 있다. 예를 들어 학생들은 '교실이 시끄러워서 공부가 안 된다.'고 이야기를 많이 한다. 이것은 사실일 수 있다. 그러면

서 '(시끄러운) 카페에서 공부를 하니까 공부가 잘 된다.' 고도
한다. 이것도 사실일 수 있다. 이 모순된 이야기는 사실 관계
가 틀린 것이 아니지만 '공부가 잘 된다. / 안 된다.' 에는 개
인의 주관이 들어가기 때문에 이 말을 전적으로 신뢰하기는
어렵다. 또 술이나 담배의 세금을 올렸을 때 소비량이 줄 가
능성은 있지만, 실제로 줄었는지는 검증을 해 봐야 하는 것이
다. 설령 줄었다 하더라도 세금 인상 때문이 아닐 수도 있기
때문에 따져봐야 한다. 그렇지만 일상생활에서는 이런 것에
대해서 엄밀하게 검증하지 않고 모두 '사실' 로 인정을 하는
경향이 있다. 그래서 같은 사건에 대해서 정반대의 이야기를
하며, 자신이 더 정확한 사실에 근거한다고 믿어버린다.

'사실' 이라는 말이 가진 이러한 모호함 때문에 최근에는
언론인들 사이에서 주로 사용하던 '팩트fact' 라는 말이 사회
적으로도 많이 사용되고 있다. '팩트' 는 우리말로 번역하면
'사실' 이지만 사용되는 맥락에는 미세한 차이가 있다. '팩
트' 라고 할 때는 일상적으로 말하는 '사실' 중에서도 명확하
게 존재하는 것, 객관적으로 검증 가능한 것을 지칭하는 경우
가 많다. 그래서 '팩트' 라고 말을 했을 때에는 '반박이 불가
능한 명확한 사실' 이라는 의미가 강하다. 앞에서 이야기했던
학생들의 예에서 보자면 '팩트' 라고 할 수 있는 것은 '교실
에서 공부를 열심히 안 했다.' 는 것뿐이다. ('교실이 시끄러워서

공부가 안 된다.'고 말하는 학생이 교실에서 제일 많이 떠드는 학생인 것이 팩트인 경우도 많다.)

'사실'이라는 우리말이 있는데 '팩트'라는 말이 점점 더 퍼지고 있는 것은 언어적 관점에서는 바람직한 현상은 아니다. 그렇지만 '팩트'라는 말이 의미하는 영역이 사회에서 명확하게 인식이 되는 것은 나쁜 것은 아니다. 입장이 다른 사람들끼리도 '팩트'는 공유할 수 있는 것이기 때문에 이에 기반한 사회적 토론이 활발해지는 것은 환영할 일이다.

꼰대

공자는 《논어》 옹야雍也편에서 제자 번지가 '지혜'가 어떤 것인지에 대해 묻자 "백성이 의롭게 되는 것에 힘쓰고, 귀신은 공경하면서 멀리하는 것을 '지혜'라고 할 수 있다.(務民之義, 敬鬼神而遠之, 可謂知矣)"라고 답했다. 공자가 말한 귀신은 사람들이 복을 구하는 종교적 대상을 말하는데, 공자는 귀신의 존재는 인정하고 공경하지만 실체가 불분명한 대상에 마음을 쓰거나 의지하지 않는 것이 지혜로운 사람의 자세라고 생각했다. 지혜로운 사람이 귀신을 대하는 자세를 뜻하는 '공경하면서 멀리하다.'에서 나온 말이 '경원敬遠하다.', '경원시敬遠視'와 같은 말이다. '경원'이라는 말은 후대에 오면서 '공경하다'의 의미는 점차 사라져서 '겉으로는 공경하는 체하면서 속으로는 멀리함'을 뜻하게 되었다. 근래에는 가까이 하고 싶은 마음이 전혀 없는 상대를 멀리하는 것을 가리키기는 경우가 많아졌다.

‘경원’ 이라는 말의 의미가 이렇게 변해 온 데는 멀리하고 싶은 대상이 귀신 말고도 현실에 존재하기 때문인데, 그들이 바로 ‘꼰대’ 라고 불리는 이들이다. 꼰대라는 말은 일반적으로 젊은 사람이 기성세대를 비하할 때 쓰는 말이다. 그렇지만 모든 기성세대가 꼰대로 불리는 것은 아니다. 꼰대로 불리는 사람은 주로 자신은 항상 옳고 아랫사람들은 틀렸다고 훈계하는 사람이다. 그리고 기성세대는 아니지만 ‘내가 신입생 때는…’ , ‘내가 이등병 때…’ 이런 말을 달고 사는 젊은 사람도 꼰대에 포함된다. 이렇게 보면 꼰대는 단순히 기성세대를 뜻하는 것이 아니라 수직적 체계에서 윗자리에 있으면서 일방적으로 지시하고 강요하는 불통형 인간을 지칭한다고 할 수 있다.

꼰대라는 말은 1950년대 한글학회에서 출간한 사전에도 등재되어 있는데 이것을 보면 역사가 꽤 오래된 말이라는 것을 알 수 있다. 그때 사전에는 꼰대에 대해 ‘할아버지, 아버지, 교사를 비하하여 이르는 말’ 이라고 되어 있다. 예로부터 ‘할아버지, 아버지, 교사’ 는 말을 듣는 것은 싫어하지만, 훈계하고, 명령하고, 꾸짖는 것은 좋아한다는 공통점이 있다. 그렇게 보면 오늘날 사용되는 꼰대라는 말은 그때의 말에서 범위가 확장된 것이라고 할 수 있다. 꼰대의 어원에 대해서는 번

데기의 사투리인 꼰데기처럼 주름이 많은 노인을 비하한 데서 왔다는 설과 영주를 뜻하는 프랑스어 콩테에서 왔다는 설도 있는데, '할아버지, 아버지, 교사'와의 관련성을 생각해 보면 근거가 약하다. 비슷한 말을 찾아보면 하찮은 존재를 말할 때 쓰는 경상도 사투리 '꼰디'나 좀스럽고 꽉 막힌 사람을 말할 때 쓰는 '꼰질꼰질하다'가 있는데, 이게 꼰대의 의미와 좀 더 관련이 있을 듯하다. 어쨌든 어느 날 문득 아랫사람들이 나를 귀신 대하듯이 경원한다고 느낀다면 나도 모르는 새 꼰대가 되어 있지는 않은지 성찰해 봐야 한다.

어른의 길

　세상에는 꼰대들이 두드러지게 보여서 그렇지 실제로는 나이가 많고 경륜이 많아서 존경을 받는 사람도 많다. 이렇게 나이가 많고 아랫사람들의 존경을 받는 사람을 이르는 말이 '어른' 이다.

　'어른' 이라는 말은 믿거나 말거나 하는 여러 설이 있는 '꼰대' 와 달리 어원이 분명하다. 신라 향가 〈서동요〉에 보면 "놈 그스지 얼어 두고"(남 몰래 ○○해 두고)라는 말이 나오는데, 여기에서 '얼다' 는 '결혼하다., 성관계를 하다.' 의 의미를 가진 옛말이다. '어른' 이라는 말은 바로 이 '얼다' 에서 온 '얼운' 이 변화한 것이다. 그렇기 때문에 어원을 기준으로 본다면 어른이 되는 방법은 일정한 나이에 이른 사람에게는 어려운 일이 아니다. 그러나 생물학적으로 일정한 나이에 이르면 얻게 되는 어른이라는 말과 달리 앞에서 말한 사회적으로 인정받는 어른이 되는 길은 쉬운 것은 아니다.

　사회적으로 인정받는 어른이 생물학적인 어른과 다른 점은 '경륜'을 가지고 있다는 것이다. 경륜은 오랜 경험들을 통해서 얻은 지혜로, 경륜이 있는 사람에게 존경은 자연스럽게 따라 오는 것이다. 경륜은 경험에서 얻는 것이지만 경험만으로는 얻을 수 없는 것이다. 꼰대로 불리는 이들의 가장 큰 특징은 말끝마다 "옛날에는 말이야…"라고 하며 자신의 경험을 일반화시켜 남에게 강요를 한다. 자신의 생각이 잘못된 경우란 있을 수 없고, 항상 세상이 잘못되었다고 말한다. 자신의 경험을 절대시하여 과거가 맞고 현재는 틀렸다는 생각을 가지고 있는 사람들, 나이가 들수록 생각이 굳어져서 세상이 변했다는 것이나 다른 가능성이 있다는 생각을 하기 싫어하는 사람들은 어른으로 인정을 받지 못한다.

　초楚나라 사람이 배를 타고 강을 건너다가 칼을 물 속에 빠뜨리자 나중에 찾기 위해 뱃전에 칼자국을 내었다는 '각주구검刻舟求劍'의 이야기가 있다. 한비자는 이 이야기를 인용하면서 배가 흘러왔기 때문에 과거의 표시에 집착해서는 안 되듯이, 변하는 세상에 맞게 법도 바뀌어야 한다고 이야기를 한다. 어른이 되기 위한 가장 기본적인 자세는 판단의 기준을 과거에 두는 것이 아니라 세상의 변화를 인정하는 것이다. 그런 전제가 있을 때 어른들에게 과거의 경험은 세상을 폭넓게 보고, 현재의 문제를 풀어내는 데나 미래의 방향을 설정하는 데 중요한 근거가 된다. 그러고 보면 경륜은 경험을 말하는 것이 아니라 경험에서 얻은 포용력과 지혜라고 할 수 있다. 그런 까닭에 꼰대가 많은 사회는 항상 세대 간의 갈등이 크고 위기에 분열되지만, 위기에 강한 어른들이 묵직하게 중심을 잡아 주는 사회는 위기를 슬기롭게 넘길 수 있는 힘이 있다.

패러디

최순실의 딸 정유라에게 부당하게 학점을 준 혐의로 구속된 류철균 교수(필명 이인화)가 30년 전에 쓴 소설 〈내가 누구인지 말할 수 있는 자는 누구인가〉는 문학계에서 큰 논란을 일으킨 작품이다. 대구 출신의 천재(라고 불린) 작가가 쓴 이 소설은 기존의 소설 작품에 있던 표현들을 부분부분 모아서 새로운 소설을 만든 것이었다. 이에 대해 짜깁기 소설, 표절이라고 비난하는 사람들이 많았지만, 작가는 '혼성모방'이라는 새로운 창작 방법이라고 강변했다.

작가들은 어떤 멋진 말을 생각해 냈는데, 그 말을 이미 다른 사람이 했다는 것을 알았을 때는 낭패감을 느낀다. 그런데 이것을 역으로 생각해 보면 인류가 쌓아 놓은 무수한 말들이 있으니 새롭게 창조하는 것이 아니라 새롭게 조합하는 것이 새로운 작법의 하나가 될 수 있다는 것이다.

이러한 혼성모방의 방법은 포스트모던 시대의 창작 방법으로 인정받기보다 창작에 대한 모독, 표절이라고 비난을 더 많이 받는다. 그런데 원작을 대 놓고 베끼는데도 아무도 표절이라는 이의를 제기하지 않는 표현 방법이 있는데 바로 '패러디'이다. "내가 단추를 눌러 주기 전에는 / 그는 다만 / 하나의 라디오에 지나지 않았다. // 내가 그의 단추를 눌러 주었을 때 / 그는 나에게로 와서 / 전파가 되었다."로 시작하는 장정일의 시 '라디오와 같이 사랑을 끄고 켤 수 있다면'의 경우는 누가 봐도 김춘수의 시 〈꽃〉에서 가져왔다는 것을 알 수 있다. 패러디가 혼성모방과 다른 점은 원작을 분명히 의식할 수 있으며, 원작과의 비교에서 새로운 의미가 생성되는 것이다. 일상생활에서 패러디는 유명 영화의 한 장면, 유명인의 모습을 가볍고 익살스럽게 변형을 하는 경우가 많지만, 예술의 영역에서 패러디는 장정일의 시처럼 원래 시를 차용하여 다른 문제를 제기하거나, 독일의 브레히트가 괴테의 시를 패러디한 것처럼 원래 작품이 가진 무거움을 조롱하는 방법으로 사용되기도 한다. 원작과의 비교에서 새로운 의미를 만들어 내기 때문에 패러디는 예술의 방법으로 인정을 받고 있다.

표창원 의원이 국회에서 주최한 미술 전시회에서, 이구영 화가가 마네의 〈올랭피아〉를 패러디하여 박 대통령을 표현한 〈더러운 잠〉이라는 작품이 큰 논란을 일으켰다. 마네의 〈올랭피아〉는 누드화의 전통과는 거리가 먼, 현실적인 여인의 몸을 보여줌으로써 처음 발표되었을 때 엄청나게 비난을 받았다. 그러나 '알몸'이 아닌 예술적 표현 도구로서의 '몸'을 주목한 에밀 졸라의 비평에 힘입어 재조명되면서 예술 작품의 반열에 오르게 되었다. 그러나 우리나라의 대중들은 원작의 맥락을 잘 모르기 때문에 〈더러운 잠〉은 작가의 의도를 구현해 내기 어려운 패러디였다. 대중들에게 이해되지 못하는 패러디는 가벼움으로 인해 불쾌감을 유발할 수 있고, 그 때문에 의도하지 않은 논란이 생기게 되는 것이다.

경주 최부잣집
육훈六訓

10여 대 400년 가까이 만석꾼으로 불렸고, 해방 후에는 교육 사업을 위해 전 재산을 기부했었던 경주 최부잣집은 우리나라에서는 매우 특이한 부자였다. 일단 '부자는 3대를 못 간다'는 속담과는 달리 오랜 세월 동안 부자였다는 것은 특이한 일이다. 거기다 전 재산을 대학(현재 영남대, 영남이공대)을 설립하는 데 필요한 비용을 기부했지만 재단에 개입하지도, 이권을 챙기려고도 하지 않은 것은 우리나라에서는 아주 예외적인 것이다. 부자이면서 두루 존경을 받는 부자로 이름이 남아 있는 것도 매우 특이한 일이다.

최부잣집이 그런 평가를 받을 수 있었던 바탕에는 '육훈六訓', '육연六然', '가거십훈家居十訓'과 같은 대대로 내려오는 가르침이 있었기 때문이다. 이 중 '가거십훈'과 '육훈'은 모두 좋은 말이지만 그 말들의 느낌은 조금 다르다. '가거십훈'

은 '어버이를 섬김에 효도를 다한다. 임금을 사랑함에 충성을 다한다. 형제 사이에는 우애가 있다. 친구 사이에는 신의가 있다.' 등 삶의 기본 원칙이다. 추상적인 원리를 이야기한 것이기 때문에 좋은 말이지만, 너무나 흔한 말이기도 하다. 그래서 최부자 집안 사람이 아니라면 가슴에 와 닿지 않고 구체적인 실천 지침과도 연결이 잘 되지 않는다.

'육훈'은 '1. 과거를 보되 진사 이상은 하지 마라. 2. 재산은 만석 이상 지니지 마라. 3. 과객을 후하게 대접하라. 4. 흉년기에는 땅을 사지 마라. 5. 며느리들은 시집온 후 3년 동안 무명옷을 입어라. 6. 사방 백리 안에 굶어 죽은 사람이 없게 하라.'이다. '육훈'은 대대로 내려오면서 하나씩 추가되어 6개가 된 것인데, 여기에는 최부잣집이 존경받는 부자가 될 수 있었던 핵심이 들어 있다. '육훈'의 특징은 '가거십훈'과 달리 구체적 행동을 이야기한 것이다. 그러나 그 행동을 하라고 한 이유가 무엇일까를 생각해 보면 '가거십훈'과 같은 큰 원칙을 만나게 된다. '과거를 보되 진사 이상은 하지 마라.'에는 양반으로서 공부를 게을리 하지 않으면서도 권력에 대한 욕심을 내지 말라는 것이다. 돈이나 권력 둘 중 하나라도 가지면 사람은 오만해지기 쉽다. 아무리 처신을 잘 하더라도 적이 많아지게 마련이다. 적이 많아지면 세상이 조금만 변해도 금세 몰락할 수 있다. 그래서 '진사 이상 벼슬을 하지 말라.'

는 것은 단순히 높은 벼슬을 하지 말라는 것이 아니라 권력에
대한 탐욕으로 적을 만들 수 있는 행동을 하지 말라는 일종의
대유법이 된다.

　대선 주자들을 보면 누구나 "안보를 튼튼히 하겠습니다."
라고 이야기한다. 중요한 이야기이지만 그 말은 별로 와 닿지
않는다. 그런데 "군인들에게 삽질을 시키지 않겠습니다."라
는 말은 '육훈' 처럼 무엇을 할 것인지 명쾌하게 드러난다. 그
러면서도 효율적인 군의 운용이라는 대원칙과도 연결되기 때
문에 더 나은 화법이 될 수 있다.

최부잣집에서 배우는
참된 보수

　보수保守는 전통적인 가치들을 존중하면서 사회를 안정적
으로 유지하는 것이다. 급격한 변화가 일상적인 사회에서는
경험이라는 것이 무용지물이 될 수밖에 없고, 사람은 미래에
대한 불안에 시달리게 된다. 그런 이유로 어느 사회나 보수적
경향이 있으며, 나이가 들수록 보수적 성향이 강해지는 것은
당연한 일이다. 그런데 세상이 크게 변하고 있는데도 현실에
안주하거나 변화를 거부하는 경우에는 부패하기 쉽고 더 큰
혼란을 가져올 수도 있다. 그것을 막기 위해서 보수는 '법과
원칙' 이라는 핵심적 가치를 중시한다.

　그런데 '법과 원칙' 이라는 말은 아무나 멋대로 쓰는 경향
이 있다. 심지어 법과 원칙을 지키지 않는 자들도 다른 사람
에게 법과 원칙을 지키라고 한다. 경주 최부잣집의 '육훈' 을
이야기하면서 말했듯이 '법과 원칙' 과 같은 추상적인 말은

듣는 사람에게 잘 와 닿지 않고 사람마다 사용하는 의미와 맥락이 다르게 된다. 한마디로 좋은 말이기는 하지만 나쁘게도 이용될 수 있다. 최부잣집의 육훈에 대해 이야기를 해 보자면 육훈에는 보수가 추구해야 할 가치들이 고스란히 담겨 있다. '재산은 만 석 이상 지니지 마라. 며느리들은 시집온 후 3년 동안 무명옷을 입어라.' 는 탐욕과 사치에 대한 경계를 담은 것이다. 탐욕이 가득한 인간은 만족할 줄 모른다. 머리 속에 탐욕과 허영심밖에 든 것이 없기 때문에 다른 사람을 이해할 줄도 모르고, 많은 재산과 비싼 옷으로 자신의 존재를 드러내려고 할 뿐이다. 이런 사람들은 욕심을 채우기 위해 부정한 짓도 서슴지 않게 되는데, 보수의 진짜 적은 바로 이들이다.

'흉년에는 땅을 사지 마라.' 는 남의 불행을 돈벌이의 수단으로 삼지 말라는 것으로, 공정하고 정당한 경쟁의 중요성을 말하는 것이다. 불공정한 경쟁을 한다면 약자의 불만이 커지고 이것은 공동체의 약화와 붕괴를 가져올 수 있다. 공정한 경쟁은 '원칙' 이고, '공정거래법' 과 같은 '법' 은 이 원칙을 뒷받침하는 수단이다. '사방 백 리 안에 굶어 죽은 사람이 없게 하라.' 는 비슷한 맥락에서 공동체에 대한 연대나 책임 의식을 말하는 것이다. 내가 돈을 버는 것도, 사회적으로 인정을 받는 것도 모두 공동체 구성원들이 있기 때문에 가능하다는 것을 상기시켜 주는 것이다.

'과객을 후하게 대접하라.'는 조금 독특해 보이는 원칙이다. 경주 최부잣집에서 과객을 후하게 대접한 이유는 그들이 새로운 문물을 많이 알고 있고, 정체된 지역의 분위기에 신선한 변화의 바람을 불러일으킬 수 있었기 때문이다. 사회의 발전을 위해서는 진보적인 의견에도 귀를 기울이고, 거기에서 좋은 것이 있다면 적극적으로 받아들일 수도 있는 것이 대구 경북이 지니고 있었던 참된 보수의 정신이라는 것을 최부잣집의 육훈은 보여준다.

사이다

'사이다 발언'이라는 말이 있다. 지금 상황에 대해 할 말은 많지만 말로 제대로 풀어내지 못해 답답해하는 사람들을 대신해서 아주 직설적이고 통쾌하게 이야기를 했을 때 '사이다'라는 이야기를 듣는다. 그리고 요즘 사람들은 드라마에서 악당이나 밉상인 인물에게 시원하게 응징하는 장면이 나올 때도 "완전 사이다다."라고 말한다. 이런 것을 보면 국어사전 '사이다'라는 항목에 '답답한 상황을 속 시원하게 해결해 주는 말이나 사람, 상황'이라는 의미를 추가해야 할 듯하다.

사이다는 설탕(구연산)물에 흔히 소다라고 불리는 탄산나트륨이나 탄산수소나트륨을 넣어서 만든 것이기 때문에 달콤하면서 시원한 느낌을 준다.(탄산나트륨은 음식을 부드럽게 하는 역할도 하기 때문에 맛집들의 비법 소스의 정체가 사이다인 경우도 많다.) 예전에는 소화제로도 사용되기도 했었기 때문에 '사이다'의 비

286

유는 경험적, 과학적으로도 잘 성립된다. 그리고 'ㅅ'과 양성 모음 'ㅏ'가 연결된 말이 주는 느낌도 상황과 잘 맞기 때문에 '사이다'라는 말의 새로운 의미는 정착될 가능성이 높기도 하다.

일전에 술자리에서 한 친구가 '사이다'가 우리말이 아니냐는 의문을 제기한 적이 있었다. 우리가 알고 있는 사이다는 미국에서 소다soda로 불리고, 사이다와 제일 비슷한 말인 cider사이더는 사과즙을 발효시킨 술을 말한다는 것이 발단이었다. 탄산음료 중 우리가 알고 있는 사이다와 가장 비슷한 형태인 코카콜라사의 스프라이트는 말표 사이다(대구 경북의 5, 60대들은 '소풍'이라는 말을 들으면 가장 먼저 연상하는 명사다.)보다 훨씬 뒤에 만들어진 것이니까 원래 우리말이 아니었냐고 나에게 물었다. 내가 아무리 넓고 얕은 지식을 가지고 있다 하더라도 그런 것까지는 알 수는 없는지라 같이 인터넷 검색을 해보았다. 보니 탄산음료의 역사는 18세기 화학의 아버지라고 불리는 영국의 프리스틀리까지 거슬러 올라갔다. 프리스틀리가 만든 탄산수에 여러 재료들을 넣어서 개량하는 과정에서 콜라, 환타와 같은 제품들이 만들어졌는데, 우리가 알고 있는 것과 가장 비슷한 제품은 일본에서 만들어졌다고 한다. 일본 사람들이 잘못 알아서 사이다라고 한 것이기 때문에 더 이상 어원을 찾을 필요는 없었고, 이미 우리말화해서 풍부한 의미

를 가지게 된 것을 일본의 잔재라고 볼 필요는 없다고 결론을
맺었다.

그런데 '사이다'에는 주의해야 할 점이 있다. 선과 악이 분
명하지 않을 때 '사이다'는 누군가에게는 통렬한 고통이 된
다. 그리고 잘못된 것을 비판하고, 허물어뜨리는 데는 모두의
생각이 같아 '사이다'가 될 수 있지만, 새롭게 재건하는 데는
각자의 생각이 다르기 때문에 '사이다'를 기대하기 어렵다.
그리고 보면 진짜로 지혜와 힘이 필요한 때는 '사이다' 이후
이다.